Vogelsberg *und* Wetterau

ANDREA REIDT

LIEBLINGSPLÄTZE
zum Entdecken

Vogelsberg *und* Wetterau

ANDREA REIDT

KULTUR

GMEINER

Für meinen Lebensfreund Rolf

Sofern hier nicht anders erwähnt, stammen alle Bilder von der Autorin Andrea Reidt:
Christina Marx 22; Alexander Wissgott, Pohlheim 40; Landesamt für Denkmalpflege Hessen 82; Georg Eurich/mit freundlicher Genehmigung des Archivs Vogelsbergkreis Lauterbach 104; Christoph Krackhardt 114; Museum der Stadt Butzbach/Rüdiger Fanslau 152

Besuchen Sie uns im Internet:
www.gmeiner-verlag.de

© 2018 – Gmeiner-Verlag GmbH
Im Ehnried 5, 88605 Meßkirch
Telefon 075 75/2095-0
info@gmeiner-verlag.de
Alle Rechte vorbehalten
1. Auflage 2018

Lektorat: Dominika Sobecki
Satz: Mirjam Hecht
Bildbearbeitung/Umschlaggestaltung: Benjamin Arnold
unter Verwendung eines Fotos von Andrea Reidt
Kartendesign: Maps4News.com
Druck: AZ Druck und Datentechnik GmbH, Kempten
Printed in Germany
ISBN 978-3-8392-2286-7

Karte 10

1 Ritterturnier, Bogenbau, Schwertkampf ///
Ronneburg – Burg 13

2 Zeitreise ins Mittelalter ///
Büdingen – Altstadt und Stadtmauer 15

3 In Büdingen geht die Post ab ///
Büdingen – Schlossmuseum 17

4 Dreibeinige Tontöpfe über der Herdglut ///
Büdingen – Heuson-Museum im Historischen Rathaus 19

5 In der Stille liegt die Kraft ///
Altenstadt – Benediktinerinnenabtei Kloster Engelthal 21

6 Auf den Schienenspuren der Oberwaldbahn ///
Altenstadt – Vulkanradweg, Startpunkt in Höchst 23

7 Keltenfürst mit Blattkrone ///
Glauburg – Keltenwelt am Glauberg 25

8 Die Pechnase hat ausgedient ///
Ortenberg – Evangelische Marienkirche 27

9 Als Hurdy-Gurdy-Girl zu den Goldgräbern ///
Ortenberg – Musikinstrumenten-Museum Lißberg 29

10 Tonnenschweres künstlerisches Erbe ///
Hirzenhain – Kunstgussmuseum 31

11 Shabby und Chic, Vintage und Tinnef ///
Gedern – Altes Rentamt auf dem Schlossgelände 33

12 Bin so satt, mag kein Blatt: mäh! mäh! ///
Schotten – Ziegenhof Bär in Burkhards 35

13 Ein feste Burg ist euer Gotteshaus ///
Schotten – Evangelische Kirche in Wingershausen 37

14 Badefreuden statt Hochwasser /// Schotten – Niddastausee .. 39

15 Röhrende Oldtimer auf legendärer Strecke ///
Schotten – Schottenring 41

16 Schichttorte der Erdgeschichte /// Schotten – Vulkaneum ... 43

17 Power auf dem Erlebnisberg /// Schotten –
Baumkronenpfad und Kletterwald Hoherodskopf 45

18 Auf Schusters Rappen im Mittelgebirge /// Schotten –
unterwegs zwischen Hoherodskopf und Taufstein 47

19   Sonnige Hügel, saftige Weiden /// *Grebenhain –*
Bergmähwiesenpfad auf der Herchenhainer Höhe 49

20   Ski und Rodeln gut! ///
Grebenhain – Wintersport im Hohen Vogelsberg 51

21   Spinnereien um Gottverlassene /// *Grebenhain –*
Teufelsmühle in Ilbeshausen-Hochwaldhausen 53

22   Auf Drei-Seen-Tour ///
Freiensteinau – Mooser Teiche 55

23   Wo der Schwarzhalstaucher brütet ///
Freiensteinau – Naturschutzgebiet Ober-Mooser Teich 57

24   Klassische Orgelmusik vom Feinsten ///
Freiensteinau – Evangelische Kirche in Nieder-Moos 59

25   Alte Rassen, Kornblumen, Schneitelbäume ///
Ulrichstein – Vogelsberggarten 61

26   Zu Fuß und zu Pferde durch Hessen ///
Ulrichstein – Museum im Vorwerk 63

27   Libellen und Seerosen statt Chlor ///
Ulrichstein – Naturbadebiotop 65

28   Windiger Park im Paradies ///
Lautertal – Goldener Steinrück bei Engelrod 67

29   Wo die Holzhauer wohnten /// *Lautertal – Alter Galgen*
zwischen Hopfmannsfeld und Hörgenau 68

30   Verschindelt, verschwunden, vergessen? ///
Lautertal – Evangelische Kirche in Dirlammen 71

31   Den Chatten Kult, den Christen heilig /// *Lautertal –*
Totenköppel mit Sippenfriedhof in Meiches 73

32   Wer die Räube noch rausroppt /// *Schwalmtal –*
Bauernhof Hamel in Storndorf 75

33   Lang lebe die Kuh! Gesund sei die Milch! ///
Schwalmtal – Hof Euler in Rainrod 77

34   50 Kinder, acht Klassen im Schulsaal ///
Lauterbach – Dorf Heblos 79

35   Gertrud Riedesel Freifrau zu Eisenbach ///
Lauterbach – Antikmarkt im Schlosspark Sickendorf 81

36   Hundert Jahre Einsamkeit ///
Lauterbach – Heidbergkapelle in Sickendorf 83

37 Kartoffeln satt beim »Beulches«-Essen ///
   Lauterbach – Gaststätte Roth und Jost in Sickendorf 85

38 Wo das Landleben intakt ist ///
   Lauterbach – Dorf Allmenrod 87

39 Ohne Strumpf geh ich net haam! ///
   Lauterbach – Strolchdenkmal an der Lauter 89

40 Schlau gebaut mit Eiche, Weide und Lehm ///
   Lauterbach – Fachwerkgasse Am Graben 91

41 Glanz und Gloria im Rokokopalais ///
   Lauterbach – Hohhaus-Museum 93

42 Rätseln um tonnenschweren Schätzbullen /// *Lauterbach –*
   Tierleistungsschau auf dem Festplatz Bleiche 95

43 Blumen für Bienen und Hummeln ///
   Lauterbach – Blühstreifen am Ackerrand bei Frischborn ... 97

44 Ritterburg im Riedesel'schen Junkerland ///
   Lauterbach – Schloss Eisenbach bei Frischborn 99

45 Arche Noah, katholisch ///
   Herbstein – Bibelpark im Kolping-Feriendorf 101

46 Schlossbewohner schufen Tante-Emma-Laden ///
   Herbstein – Dorf Stockhausen 103

47 Sauerteigbrot frisch auf den Tisch ///
   Wartenberg – Bauernbrotbäckereien in Angersbach 105

48 Fünf-Burgen-Stadt in intakter Idylle ///
   Schlitz – Blick auf die Burgenstadt 107

49 Trachten, Tanz und tolles Treiben ///
   Schlitz – Trachtenfest auf dem Marktplatz 109

50 Uralte Wandmalereien im hintersten Dorf ///
   Schlitz – Evangelische Kirche in Fraurombach 111

51 Rast im Talgrund der Jossa ///
   Grebenau – Eulersdorf und Umgebung 113

52 Love and Peace auf der Ritterburg ///
   Breitenbach – Burg Herzberg mit Festival 115

53 Vom Glück auf dem Rücken der Pferde ///
   Alsfeld – Wanderreiter in Lingelbach 117

54 Mit der Gründchenbahn über den Abgrund ///
   Alsfeld – Eisenbahnviadukt bei Eifa 119

55 Die Niagarafälle des Vogelsbergs ///
    Alsfeld – Blue-Stone-Falls bei Eifa 121
56 Europas Modellstadt für Denkmalschutz ///
    Alsfeld – Altstadt 123
57 Wasserburg, Jagddomizil, Hochzeitshotel ///
    Romrod – Schloss 125
58 Die »Tasse« schützt vor Hochwasser ///
    Antrifttal – Antrifttalsperre 127
59 Comeback des Roten Höhenviehs ///
    Kirtorf – Karlis Kuhschule in Lehrbach 129
60 Daimler Motorkutsche und Lanz Bulldog ///
    Homberg – Oldtimermuseum Dannenrod 131
61 Europas größter Basaltsteinbruch /// *Homberg –*
    Aussichtsplattform Basaltsteinbruch bei Nieder-Ofleiden ... 133
62 Wo die Ohm ihre Schleife zieht ///
    Homberg – Ohmradweg 135
63 Sieben Dörfer, sieben Gotteshäuser ///
    Feldatal – Fachwerkkirchen und Wanderwege 137
64 Auf den Spuren von Wanderhändlern ///
    Feldatal – Wanderweg Judenpfad ab Kestrich 139
65 Bilder einer verschwundenen Welt ///
    Mücke – Ernst-Eimer-Stube in Groß-Eichen 141
66 Kriegsgetümmel in heiligen Hallen ///
    Lich – Kloster Arnsburg 143
67 Eine weiße Fahne zu viel ///
    Lich – Kriegsopferfriedhof im Kloster Arnsburg 145
68 Galloways vor Barbarossa-Burg ///
    Münzenberg – Burg, Stadt und Salzwiesen 147
69 Rosensteine als Zeugen der Erdgeschichte ///
    Rockenberg – Naturschutzgebiet Hölle von Rockenberg 149
70 Bürgerpracht mit Goldgickel ///
    Butzbach – Altes Rathaus 151
71 Ein Schwibbogenhaus für Schmalhans ///
    Butzbach – Museum der Stadt 153
72 Hessischer Turnvater starb nach Folter ///
    Butzbach – Kirchplatz mit Weidighaus 155

73   Ökologie, harte Arbeit, rosiges Glück ///
      Bad Nauheim – Rosenschule Ruf in Steinfurth 157

74   Größtes Jugendstilensemble Europas ///
      Bad Nauheim – Sprudelhof 159

75   Von Sole und weißem Gold ///
      Bad Nauheim – Trinkkuranlage 161

76   Naherholung im Kohlenpott der Wetterau ///
      Wölfersheim – Wetterauer Seenplatte 163

77   Wo Auerochsen für Kröten weiden ///
      Echzell – Bingenheimer Ried 165

78   Woher Töpfe und Biogemüsekisten kommen /// *Reichels-
      heim – Keramikwerkstatt im Pappelhof bei Beienheim* 167

79   Immer am Fluss entlang ///
      Nidda – Niddaroute durch Bad Salzhausen 169

80   Haube auf Haube gen Himmel gereckt ///
      Ranstadt – Evangelische Kirche in Ober-Mockstadt 171

81   Klein-Venedig der Wetterau /// *Florstadt – Staden* 173

82   Vom Römerkastell zur Barbarossaburg ///
      Friedberg – Burgkirche und Adolfsturm 175

83   Vor der Hochzeit ein rituelles Tauchbad ///
      Friedberg – Judenbad Mikwe 177

84   Fanfieber um Elvis Presley ///
      Friedberg – Wetterau-Museum 179

85   Äpfel, Kirschen, Pflaumen am Wegesrand /// *Friedberg –
      Radtouren durch Streuobstwiesen* 181

86   Traute Nachbarn mitten im Dorf ///
      Niddatal – ehemalige Synagoge in Assenheim 183

87   Gottfried und der Dom der Wetterau ///
      Niddatal – Katholische Pfarrkirche in Ilbenstadt 185

88   Glückliche Schweine, freundliche Kühe ///
      Bad Vilbel – Dottenfelderhof 187

      Quellen- und Literaturverzeichnis 188

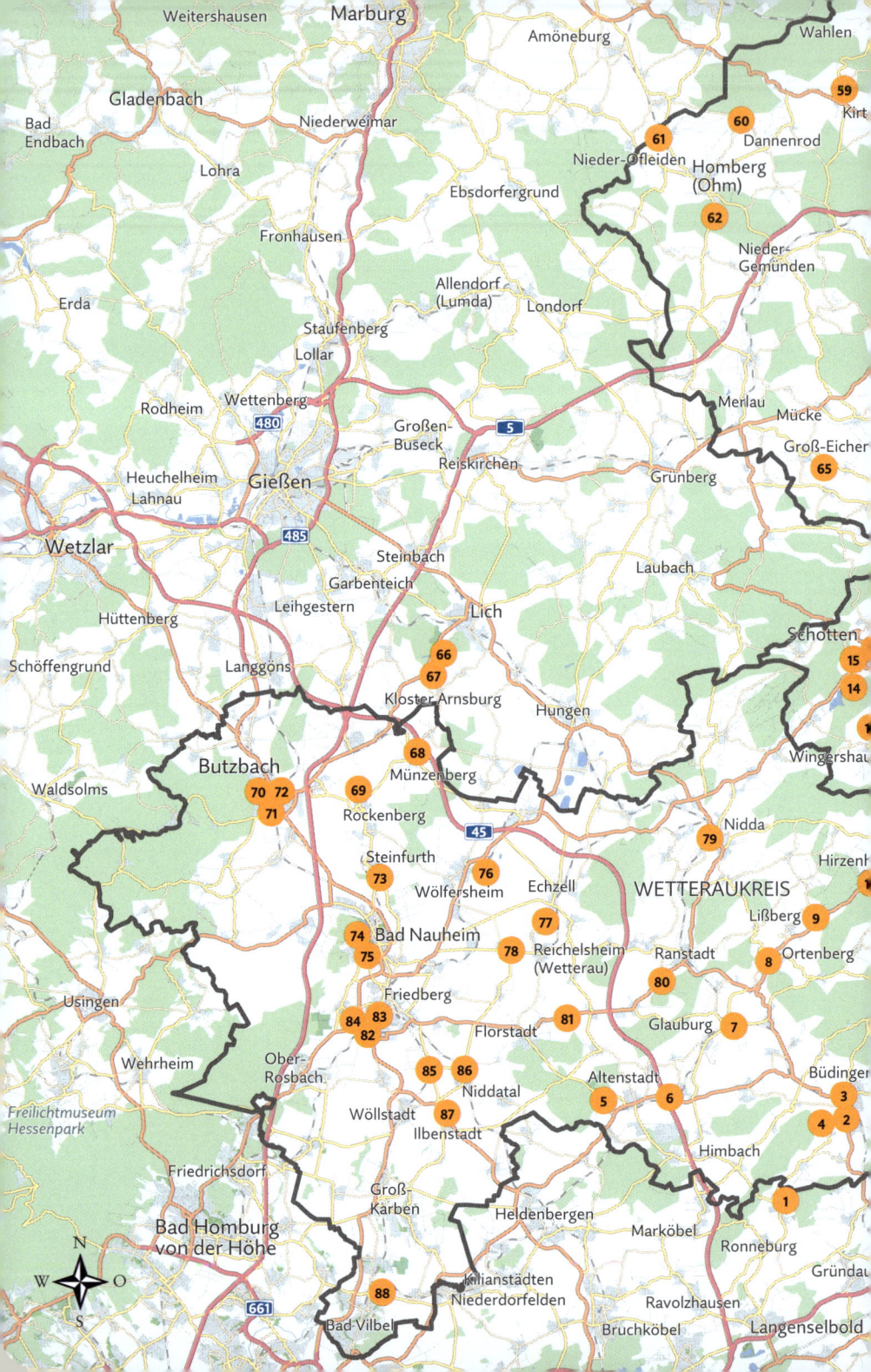

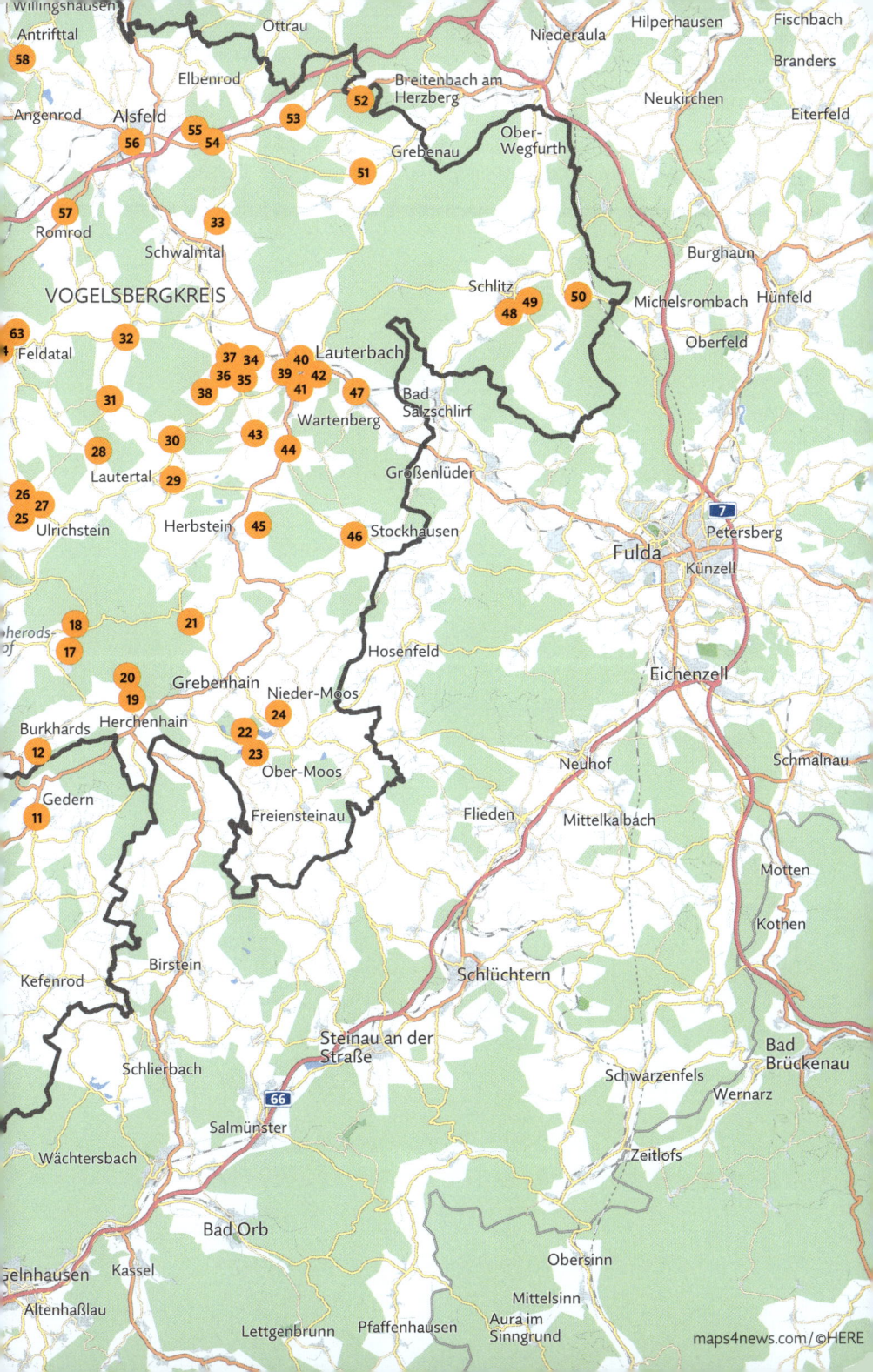

BURG RONNEBURG /// 63549 RONNEBURG ///
0 60 48 / 95 09 05 /// WWW.BURG-RONNEBURG.DE ///

RITTERTURNIER, BOGENBAU, SCHWERTKAMPF

Ronneburg – Burg

Schwungvoll schüttet ein Mann einen Eimer Wasser in den Schacht. Erwartungsvolle Stille. Langsam zähle ich und komme bis zehn, dann platscht es hohl aus der Tiefe herauf. In dem alten Wachhaus des Burgtores von Burg Ronneburg versammeln sich oft kleine und große Menschen, um den 96 Meter tiefen Brunnen zu bestaunen, aus dem frühere Generationen mittels eines (noch sichtbaren) Tretrads ihr Wasser hochwuchten mussten. Von hier aus wurde das kostbare Nass an seinen Verwendungsort geschleppt, zum Beispiel in die Küche im Saalbau der Kernburg. Dort lodert ein kräftiges offenes Feuer auf der für das Burgmuseum restaurierten alten Herdstelle, über der sich ein hoher Rauchfang erhebt. Am Tisch in der Küchenecke warten schon einige als Ritter und fahrende Volksleute verkleidete Gäste ungeduldig auf Speis und Trank.

Südwestlich von Büdingen thront Burg Ronneburg auf einem Basaltkegel, vor 1231 in der Stauferzeit errichtet, weitgehend im baulichen Zustand des 16. Jahrhunderts erhalten und saniert. Der Renaissance-Helm des Bergfrieds ist gerade noch von Weitem sichtbar, bald jedoch werden die dicht wachsenden Bäume diese außergewöhnliche hessische Höhenburg ganz verdecken – sofern man sich nicht für einen Kahlschlag entscheidet. Früher wollte man nahende Feinde von oben frühzeitig erspähen, heute hätte nicht nur ich gern von unten freien Blick auf die imposante Burg.

Während der mittelalterlichen Burgfestspiele an mehreren Herbstwochenenden ist der Teufel los auf der Ronneburg: Auf der Wiese sind die Zelte großer Ritterlager aufgestellt. Kunsthandwerker, Gaukler und Zauberer, Wahrsagerinnen und Schauspieler sowie Marketender mit Schmuck, Naturalien, Lammfellen und Holzspielzeug – sie alle bieten ihre Waren und Dienste an.

> Es gibt kaum eine Burganlage im weiten Umfeld, deren Träger so zahlreiche und vielseitige historische »Burgbelebungen« organisiert, wie der Verein *Freunde der Ronneburg* dies ganzjährig bewältigt.

DER LOHSTEG, IN DESSEN UMFELD ES MEHRERE PARKPLÄTZE GIBT,
EIGNET SICH ALS STARTPUNKT FÜR EINE ALTSTADTTOUR.

WEITERE INFORMATIONEN ERTEILT BÜDINGER TOURISMUS
UND MARKETING /// MARKTPLATZ 9 /// 63654 BÜDINGEN ///
0 60 42 / 9 63 70 /// WWW.BUEDINGEN.INFO ///

Büdingens Altstadt steht komplett unter Denkmalschutz. In schönster Waldlandschaft, am südöstlichen Rand der fruchtbaren Wetterau, liegt diese intakte mittelalterliche Residenzstadt mit Gassen, Mauern, Bürgerhäusern aus Stein und Fachwerk, die ihresgleichen sucht.

Der Grüne Turm mit spitz zulaufendem Dach ist keineswegs der bedeutendste der 22 Türme im 1510 vollendeten Befestigungsring um Alt- und Neustadt. Dazu zählen der Hexenturm, der Pulverturm, das Mühltor, der Meliorsturm an der Lohstegbrücke, der Rote Turm, der Ludwigsturm und das Obertor mit Schussspuren aus dem Dreißigjährigen Krieg. Am stattlichsten wirkt das Große Bollwerk, ein 20 Meter hoher Artillerieturm mit vier Meter dicken Mauern und 16 Geschützkammern. Ebenfalls imposant ist das »Jerusalemer Tor«, das eigentlich schlicht »Untertor« heißt. Seinen Spitznamen erhielt es von geflüchteten Hugenotten und Waldensern, die im evangelischen Büdingen – ihrem »Jerusalem« – Schutz fanden. Dank eines für diese Zeit ungewöhnlichen »Toleranzpatents« des liberal gesinnten Grafen Ernst Casimir I. von 1712 durften sie in der Vorstadt vor dem Untertor wohnen. Das Innere der Toranlage erlebt man im Rahmen einer Besichtigung des in den dicken Türmen untergebrachten *Sandrosenmuseums*.

Viele Schilder an Altstadthäusern informieren über einstige Bewohner. An die Schlossmauer und viele Häuser klammern sich bunte Froschfiguren. Der Frosch ist das Wahrzeichen der »Beuringer Frääsch«, so der Spitzname der Büdinger. Die Legende berichtet, dass um 1522 eine junge gräfliche Braut nachts wegen des lauten Gequakes rund ums Schloss nicht schlafen konnte. Der Graf ordnete an, alle Frösche zu entfernen. Man setzte sie in den Bach, der sie ins Nachbardorf schwemmte, sodass Büdingen froschfrei war.

✎ Das plüschige *Café Hexenstübchen* mit Oma-Dekor in der Nähe der Mühltorbrücke hat leckere Torten, herzhafte Kleinigkeiten und bietet Kulturprogramm (www.cafehexenstuebchen.de).

POSTBRIEFKASTEN

BRIEFKASTENLEERUNG

| Montag - Freitag 08:00 | Samstag 08:00 | Briefkasten mit späterer Leerung: An der Saline 13 Büdingen | Montag - Freitag: 18:00 Samstag: 13:00 Sonntag: 08:00 |

IN BÜDINGEN GEHT DIE POST AB
Büdingen – Schlossmuseum

Der blaue Briefkasten an der Sandsteinmauer des Büdinger Schloss-
platzes ist zwar die Nachbildung eines Postkastens des Jahres 1896,
aber Sie können Ihre Ansichtskarte vom Büdingen-Ausflug hier ver-
trauensvoll einwerfen. Über eine kleine Brücke direkt daneben geht
es in die Vorburg der stauferzeitlichen Wasserburg aus dem 12. Jahrhundert. Das Schloss, dessen Kern von einer 13-eckigen Mauer aus
Buckelquadern umschlossen ist und das von Romanik bis Barock fast
alle Baustilmoden des vergangenen Jahrtausends aufweist, wird seit
1258 von der fürstlichen Familie zu Ysenburg und Büdingen bewohnt,
heute in 23. Generation. Es lohnt sich, an einer Schlossführung teil-
zunehmen. Man betrachtet das Sternengewölbe und das Chorgestühl
aus Eiche in der Schlosskapelle, die Fresken aus dem 16. Jahrhundert
im Palas und wirft einen Blick in die Alchemistenküche in der alten
Hofapotheke, wo einer der Grafen ein naturwissenschaftliches Kabi-
nett einrichtete. Das auf 1553 datierte große Wandbild in der Graf-
Diether-Stube zeigt eine winterliche Sauhatz vor der Kulisse eines
verschneiten Dorfes und erinnert an Motive des Holländers Brueghel.

Das Kleinstädtchen Büdingen bietet seinen Besuchern weit mehr,
als man bei 8.000 Einwohnern im Kernort erwarten würde. Es besitzt
sechs reich bestückte Museen. Abgesehen vom *Schlossmuseum* gibt
es das stadthistorische *Heuson-Museum* im Historischen Rathaus,
das *Sandrosenmuseum* im Jerusalemer Tor, das *50er-Jahre-Museum*
im spätgotischen Bau der ehemaligen *Herberge zum Schwan*, das
Metzgermuseum im historischen Schlaghaus, in einem Turm an der
Mühltorbrücke. Das *Modellbau-Museum* im Oberhof, dem ältesten
Renaissancebau Büdingens, zeigt 150 Exponate – Modelle von historischen Kriegsschiffen, Eisenbahnen, einer Bohrinsel, eines Rummel-
platzes und einer Hafenanlage.

✍ Beim traditionellen Mittelalterfest in Büdingen wirken etwa
130 Händler, Handwerker, Gaukler, Musikgruppen mit. Es gibt
einen Viehmarkt, mehrere Lager mit historischen Zelten und
einen Festumzug.

**HEUSON-MUSEUM IM HISTORISCHEN RATHAUS ///
RATHAUSGASSE 6 /// 63654 BÜDINGEN ///
0 60 42 / 95 00 32 /// WWW.MUSEEN-IN-HESSEN.DE ///**

DREIBEINIGE TONTÖPFE ÜBER DER HERDGLUT

Büdingen – Heuson-Museum im Historischen Rathaus

(4)

Das *Heuson-Museum* im Historischen Rathaus von Büdingen erinnert an alte Handwerksberufe – Drechsler, Weber, Tuchfärber, Ziegler, Töpfer. Hier sieht Elisabeth Johann in den 1970er-Jahren erstmals die Sammlung der Töpferfamilie Winterling. Es ist eine Initialzündung: Fortan widmet sich die damalige Stadtarchivarin von Butzbach leidenschaftlich der Geschichte der Wetterauer Töpfer.

Bis ins 15. Jahrhundert waren die unglasiert gebrannten Tongefäße durchlässig. Das Material kam aus Lehmgruben der heimischen Wälder. Erst die Glasur, eine Masse aus Quarz und Bleiverbindungen, macht sie wasserdicht. Die Glasurfarben aus Mineralien stellten die Töpfer selbst in Erzmühlen her: Mangan (braun), Kupfer (grün und rot), Eisenfeilspäne (gelb), Kobalt (blau). Noch vor der Wende zum 20. Jahrhundert »herrschte die einfache Irdenware in den Küchen vor«, berichtet Elisabeth Johann – Schüsseln, Siebe, Tiegel, Wasser- und Ölkrüge, Kannen, Teller, Becher. An einem Haken über dem offenen Herdfeuer hing der eiserne Kessel, Tontöpfe aber »hatten häufig drei Beine, um Glut darunter zu schieben«. Manche Tongefäße waren reich verziert mit Maiglöckchen, Vögeln, Blättern, Fingertupfenleisten, Monogrammen und Inschriften. Außerdem bauten die Töpfer Kachelöfen. Ungefähr 200 Jahre florierte dieses Handwerk in Altenstadt, Oberau, Höchst, Rommelshausen. 67 Töpferfamilien, die ihr Handwerk über viele Generationen weitergaben, fand die Keramikforscherin in den Kirchenbüchern dieser Orte. Die Vermarktung besorgten meist andere: Allein das Gewerberegister von Oberau nennt 22 Personen, die zwischen 1844 und 1860 mit Tongeschirr handelten. Schon bald darauf aber kam industriell gefertigtes Emaille-Geschirr in Mode – das Töpfern ernährte keine Familie mehr.

✍ Die Tradition der »Dippemess« überlebte unter diesem Namen nur in Frankfurt. Keramik- und Töpfermärkte finden in Hessen zwischen April und Oktober statt.

BENEDIKTINERINNENABTEI KLOSTER ENGELTHAL ///
KLOSTERSTRASSE 2 /// 63674 ALTENSTADT ///
0 60 47 / 9 63 60 /// WWW.ABTEI-KLOSTER-ENGELTHAL.DE ///

Ich stehe auf einer Anhöhe in der südlichen Wetterau. In der Ferne brummt ein Traktor, in der Nähe ertönt Pferdegetrappel. In der Senke ruft Glockengeläut zu Vesper und Abendlob in die barocke Klosterkirche der Abtei Kloster Engelthal. Ein Tal, durch das Engel schweben, abgeschieden und doch mittendrin: 30 Kilometer nordöstlich des dicht besiedelten Rhein-Main-Gebiets liegt seit 750 Jahren malerisch am Waldrand ein Frauenkloster. In der 1962 nach 159 Jahren Pause von Benediktinerinnen wiederbelebten Abtei Engelthal leben heute etwa 20 Nonnen.

Neben Gebet, Gottesdienst und Fürbitte ist das oberste Lebensziel der Benediktinerinnen die Pflege der Gemeinschaft und der Gastfreundschaft. Ihren Unterhalt verdienen sie mit zwei Gästehäusern, in denen etwa 6.000 Besucher jährlich logieren. Jeder und jede, die für eine Weile der Rushhour des Lebens entkommen möchte, ist willkommen. Mit offenen Armen werden vor allem junge Frauen empfangen, die sich für die spirituelle Lebensweise der Benediktinerinnen interessieren.

In einer professionellen Werkstatt haben sich einige Nonnen darauf spezialisiert, Gemälde und Skulpturen zu restaurieren, vorrangig Objekte aus dem *Mainzer Dom- und Diözesanmuseum*. Eine wahre Fundgrube stellt die Buch- und Kunsthandlung gleich hinter dem Eingang zum Geviert der Klostergebäude dar. Dort gibt es keineswegs nur geistlich-geistigen Lesestoff, sondern auch Devotionalien, Kerzen, handgemachte Seifen, Keramik, Goldschmiedekunst, allerlei Teesorten, Dinkelkissen, Marmeladen, Wein, Ringelblumensalbe und sogar Honigbärchen.

Ein friedvoller Ort. Das war nicht immer so: Archäologen fanden in einer barocken Schuttgrube 800 Jahre alte Glasfensterscherben – Reste von Plünderung und Zerstörung im Dreißigjährigen Krieg.

✍ Für ihr modernes Ökologiekonzept erhielten die Nonnen den *Umweltpreis des Bistums Mainz*. Sie heizen mit Holzpellets, nutzen Regenwasser und Sonnenlicht, und ein »Maximum-Wächter« kappt schon mal den Strom.

AUF DEN SCHIENENSPUREN
DER OBERWALDBAHN

Altenstadt – Vulkanradweg, Startpunkt in Höchst

Eine der beschaulichsten Fahrradstrecken Hessens führt von Höchst an der Nidder in der Wetterau bis Schlitz im Vogelsberg: der 96 Kilometer lange *Vulkanradweg*. Wer der Trasse der ehemaligen Oberwaldbahn auf Feinasphalt folgt, trampelt an der Nidder entlang bis zum mit 585 Metern höchsten Punkt der Strecke in Hartmannshain. Doch keine Sorge: Steigung und Gefälle betragen lediglich bis zu drei Prozent, sind also bedingt schweißtreibend.

Nur 100 Jahre ist es her, dass Dampflokomotiven den Vogelsberg zum ersten Mal durchquerten und der Landbevölkerung das Tor zur weiten Welt öffneten. Das Großherzogtum Hessen war spät dran mit Anschlüssen an das Eisenbahnnetz. Immerhin wurde die Kreisstadt Lauterbach 1870 an die Bahnstrecke Gießen–Fulda angebunden. Auch die befestigte Staatsstraße für Kutschen von Lauterbach nach Friedberg, die heutige Bundesstraße 275, war erst 13 Jahre zuvor vollendet worden.

Erst ab 1906 konnte man lückenlos auf Schienen von Lauterbach bis Stockheim mit Anschluss nach Bad Vilbel und Frankfurt fahren – damals noch mit einer vierten (Steh-)Klasse versehen, die 1928 abgeschafft wurde. Die höchste Ausnutzung verzeichnete die Eisenbahn in den 1930er-Jahren, als nicht nur Berufspendler und Schüler unterwegs waren, sondern erstmals auch Wandergruppen des *Vogelsberger Höhen-Clubs* – die Geburtsstunde des Vogelsbergtourismus. Später wurden Dieselloks und Schienenbusse eingesetzt, allerdings war es bald vorbei mit der fast flächendeckenden Reiseseligkeit auf Schienen. Die Bahn machte im Vogelsberg Minus und stellte den Personenverkehr 1975 ein, den Gütertransport 1994. Der *Vulkanradweg* entstand in den Jahren zwischen 2000 und 2007. An den Wochenenden von Mai bis Oktober picken Busse auf sechs *Vulkan-Express*-Linien Radfahrer auf.

☞ Teilstrecken des *Vulkanradwegs* eignen sich auch für Inliner. Die Abfahrt von Hartmannshain nach Gedern (neun Kilometer) ist die bei Longboardern populärste »schiefe Bahn« Deutschlands.

Es war eine Sensation in der archäologischen Szene: Das Foto der 1,86 Meter hohen, 2.500 Jahre alten Sandsteinfigur ging 1994 um die Welt. Eine fast intakte eisenzeitliche Skulptur! Nur die Füße fehlen dem Keltenherrscher mit der eigenartigen Kopfbedeckung – eine Blattkrone, sagen die Fachleute. In Europa hat man nichts Vergleichbares entdeckt. Auf die Wetterauer Menschen übte der seit der Jungsteinzeit (4.500 Jahre v. Chr.) besiedelte Glauberg immer schon eine besondere Faszination aus. Deshalb verwundert es nicht, dass man in der Region dafür kämpfte, den aus seinem Grabhügel befreiten Keltenfürsten und weitere Sandstein-Fragmente aus den Restaurationswerkstätten und Labors zurückzubekommen. Zum Schatz gehörten außerdem Gold- und Korallenschmuck, bronzene Accessoires, Waffen und gut erhaltene organische Stoffe aus Leder, Textilien und Holz. Eine Röhrenkanne mit einem fantasievoll ziselierten Deckel offenbart die hohe Handwerkskunst der ansonsten bäuerlichen Keltenkultur.

An musealen Bewerbern zur Beherbergung des Keltenschatzes fehlte es nicht. Schließlich besann sich die hessische Landesregierung: Der Keltenfürst kehrte heim, und es entstand ein gigantisches Museumsprojekt, verbunden mit einem eisenzeitlichen Forschungszentrum. Der mehrfach preisgekrönte quaderförmige Guckkastenbau, der wie ein geducktes Riesentier vorsichtig aus dem Berg herauszukriechen scheint, verfügt über ein gebäudebreites Panoramafenster. Von hier aus blickt man auf den rekonstruierten Grabhügel Nummer eins, den frei zugänglichen Archäologischen Park und die selbst an einem nieselgrauen Novembertag faszinierende Wetterau-Landschaft mit aufsteigenden Nebelschwaden, hinter denen eine blasse Sonne sich kaum bemerkbar macht.

✍ Der Glauberg ist ein bedeutendes Ausflugsziel in der Region. Vom Bahnhof in Glauburg aus führen Rad- und Fußwege auf den »heiligen Berg« der Kelten.

EVANGELISCHE MARIENKIRCHE /// SCHLOSSPLATZ ///
63683 ORTENBERG ///

WEITERE INFORMATIONEN ERTEILT DIE STADT ORTENBERG ///
LAUTERBACHER STRASSE 2 /// 63683 ORTENBERG ///
0 60 46 / 8 00 00 /// WWW.ORTENBERG.INFO ///

DIE PECHNASE HAT AUSGEDIENT

Ortenberg – Evangelische Marienkirche

Das mittelalterliche Städtchen Ortenberg im Niddertal strebt nach Höherem. Nicht dass der Wetterauer Ort besonders hoch läge, aber seine Gassen schmiegen sich in Südhanglage an eine Basaltkuppe. Auf deren Gipfel recken sich drei Türme gen Himmel: der Turm der gotischen Hallenkirche mit vier Giebeln, die Oberpforte – Eckpfeiler der Stadtmauer aus dem 13. Jahrhundert – und der runde neuzeitliche Eckturm des Schlosses. Auf der inneren, der Altstadt zugewandten, Seite klafft der Torbau mauerfrei und erinnert an eine Guckkastenbühne. Ursprünglich war er mit Fachwerk und später mit Lehmwänden und Bohlen verkleidet. Außen klebt unterhalb des Daches ein kleiner Balkon, der keineswegs der schönen Aussicht dienen sollte. Diese »Pechnase« ist nach unten offen und bezeugt die Wehrhaftigkeit des Bauwerks.

Der Kirchturm trägt einen der ältesten Turmdachstühle in Deutschland, auf 1368 datiert. In einem Seitenschiff der Evangelischen Marienkirche befindet sich eine Kopie des prächtigen *Ortenberger Altars*, des dreiflügeligen Kunstwerks *Heilige Sippe* von 1430, dessen Original im Landesmuseum Darmstadt aufbewahrt wird. Der Mittelteil des Altars zeigt *Die Jungfrau Maria inmitten ihrer Verwandten*, ein schimmernder Anblick in Blattgold und Blattsilber. Hat man sich sattgesehen, lohnt ein Augenaufschlag zur Gewölbedecke, die mit freigelegten und fein restaurierten Blumenornamenten verziert ist. Diese »Marienkräuter« inspirierten Ortenberger Pflanzenfans vor einigen Jahren, an der Kirchenmauer einen Marienkräutergarten mit Heilpflanzen anzulegen und diese auf Schiefertäfelchen zu bezeichnen.

Auch nachts blicken die Ortenberger gern nach oben: Die Stadtlaternen enthalten Scherenschnitte zur Stadtgeschichte von Albert Völkl.

☞ Der *Kalte Markt* von Ortenberg mit etwa 400 Marktständen hat einen Ruf als größtes Volksfest Oberhessens. Seit dem 13. Jahrhundert deckt man sich darauf Ende Oktober mit Vorräten für den Winter ein.

ALS HURDY-GURDY-GIRL
ZU DEN GOLDGRÄBERN

Ortenberg – Musikinstrumenten-Museum Lißberg

Das kleine, aus allen Nähten platzende Museum für Musikinstrumente in einer Sackgasse zu Füßen der Burg Lißberg im gleichnamigen Dorf zeigt die weltgrößte Schau von Drehleiern und Dudelsäcken. Großspender dieses musealen Hotspots mit 2.200 seltenen und originellen Exponaten ist der Frankfurter Grafikdesigner und Drehleierbauer Kurt Reichmann. Aus seiner Schatzkiste stammt ein Großteil der Instrumente, zu denen Raritäten wie ein Nürnberger Geigenwerk, eine Dulzaina (altspanische Oboe), zwei äußerst seltene Orgelleiern und ein Bassanello (venezianische Schalmeienart) gehören sowie zahllose weitere Blasinstrumente aus vielen Kulturen.

Mit der Drehleier, einem populären alten Streichinstrument, nicht zu verwechseln mit einem Leierkasten, ist die tragische Geschichte der hessischen »Hurdy-Gurdy-Girls« verbunden. In den bitterkalten 1820er-Jahren verlegten sich arme Familien in Wetterau, Vogelsberg, Taunus und Westerwald darauf, Fliegenwedel aus Holzspänen herzustellen, die im Sommer von Hausierern verkauft wurden. Diese Landgänger unterhielten die Bevölkerung auch musikalisch. Oft wurden sie von sehr jungen Mädchen begleitet, die Drehleier spielten und tanzten. Bald schon zogen Seelenverkäufer auf der Suche nach 13-Jährigen von Dorf zu Dorf, häufig ließen die Eltern sie gehen – eine Esserin weniger am Familientisch war Lohn genug. Viele Mädchen landeten in Londoner Animierbars und Bordellen, manche gelangten nach Übersee bis in die Saloons der kalifornischen Goldgräberstädte. »Hurdy-Gurdy-Girls« hießen sie nach der englischen Bezeichnung für Drehleiern. Einige wenige kehrten als zwar »gefallene«, aber wohlhabende Frauen in die Heimat zurück. Der Exodus der Drehleiermädchen hielt trotz der Verbote durch hessische und nassauische Behörden bis zum Ende des 19. Jahrhunderts an.

✎ Über Pfingsten oder Himmelfahrt treffen sich Freunde der Drehleiermusik zu den *Lißberger Leiertagen* mit Vorstellungen und Kursen für Anfänger und Fortgeschrittene (www.die-drehleier.de).

GIESSER-GRUPPE VON ELISABETH BAUMEISTER-BÜHLER.
EISEN, MATTSCHWARZ, BUDERUS-KUNSTGUSS, HIRZENHAIN.

KUNSTGUSSMUSEUM HIRZENHAIN /// NIDDERSTRASSE 5 ///
63697 HIRZENHAIN /// 0 60 45 / 3 94 00 40 ///
WWW.KUNSTGUSS-HIRZENHAIN.DE ///

Hugo Buderus, 1841 im Wetteraudorf Hirzenhain an der Schwelle zum Vogelsberg geboren, dort 1907 gestorben, liebte seine Heimat und ihre Bodenschätze. Bereits 1679 hatten seine Vorfahren als Erbpächter von Graf Ludwig-Christian zu Stolberg-Gedern die ersten Hochöfen an der Hirzenhainer Waldschmiede betrieben. Der kaufmännisch ausgebildete Sprössling der vierten Unternehmergeneration studierte in Darmstadt Maschinenbau und Gießereiwesen. Ihn faszinierte in besonderer Weise die Gießereitechnik, und da das in Hirzenhain verhüttete Eisenerz sehr phosphorhaltig war und sich eher für Guss als für Stahlproduktion eignete, trennte sich Buderus von dem Buderus'schen Unternehmenszweig in Lollar bei Gießen und führte die *Hirzenhainer Eisenwerke* in Alleinregie weiter. Hier entstanden Kunstguss-Exponate, etwa reich ornamentierte Ofenplatten (beliebtestes Motiv: die Hochzeit zu Kana), eiserne Kreuze für Kriegsauszeichnungen sowie Statuetten von Tieren und Menschen, die im Biedermeier modern geworden waren und die Salons des Bürgertums zierten.

Seit Frühjahr 2017 allerdings bleiben die Schmelzöfen des Wetzlarer Nachfolgeunternehmens *Bosch Thermotechnik* in Hirzenhain kalt. Nach der Schließung der Fertigung hält nur noch das *Kunstgussmuseum Hirzenhain* die Eisenhüttentradition im Ort aufrecht. Es besitzt einen großen Schatz an kunsthistorisch wertvollen, bis zu 500 Jahre alten Kaminplatten, an kostbaren Öfen, an filigranem Eisenschmuck, Plastiken, Statuen, Büsten und Porträts. In den Souterrainräumen lagern Hunderte von Gusswerken, die mangels Platz gar nicht ausgestellt werden können.

Ob die Hirzenhainer ihr tonnenschweres Erbe erhalten können? Pläne für ein überregional repräsentatives Industriemuseum liegen offenbar in mehreren Schubladen, aber es wird auch viel gestritten darüber.

🖉 Von Schloss Gedern nach Hirzenhain und zurück führt der Rundwanderweg *Eisenpfad Gedern* (23 Kilometer). Am Wegesrand informieren zehn Tafeln über die Kulturgeschichte des Eisenerzabbaus.

Man wähnt sich an der Pforte einer Traumwelt. Bereits beim Gang über die Brücke zum Torbogen zieht der Kunstgarten im Schlossgraben den Blick auf sich. Dann gelangt man zum Prinzessinnenbau. Dieser frühere Name des Alten Rentamtes von Schloss Gedern würde sehr gut zu der jetzigen Funktion des Gebäudes passen. Es handelt sich um einen lang gestreckten Verwaltungsbau von 1710, an dessen Fassade der Zahn der Zeit kräftig geknabbert hat. In dem Gemäuer und auf der Terrasse davor residiert ein vor Garten- und Wohnaccessoires überquellender Markt für Shabby-Chic-Artikel, ein Eldorado für Vintage-Fans, die lustvoll nach scheinbar oder tatsächlich abgenutztem »Tinnef« (Plunder) stöbern. Eine Steigerung dieser Leidenschaft kann man im Schlosshof am letzten Augustwochenende bei der Gartenmesse *Erlebniswelten Schloss Gedern* erleben.

Das Schloss Gedern, bis 1927 Residenz der Harzer Fürstenfamilie Stolberg-Wernigerode, drohte in den 1980er-Jahren zu verfallen. Heute beherbergt die »Wolframburg«, so der Spitzname des Nachfolgers einer mittelalterlichen Burg, das Gederner Rathaus. In einem Barockanbau befindet sich das *Schlosshotel Gedern* mit Restaurant und Sommerterrasse, im Torbogenhaus das *Kulturhistorische Museum* und das Tourismusbüro, in der ehemaligen Schmiede ein Infozentrum zur regionalen Wirtschaftsgeschichte. Im gepflegten Schlosspark wiegen schattenspendende alte Bäume ihre Kronen sanft im Wind.

Landschaftlich gehört Gedern zum *Naturpark Hoher Vogelsberg,* die Stadt entschied sich aber im Zuge der Gebietsreform von 1972 für den Wetteraukreis. Das hatte zur Folge, dass die kurz zuvor eingemeindeten Dörfer Burkhards, Kaulstoß und Sichenhausen es vorzogen, sich Schotten und dem Vogelsbergkreis anzuschließen, jedoch bis heute ihre Gederner Telefonvorwahl behielten.

✍ Der 15 Hektar große Gederner See ist ein beliebtes Badegebiet mit einem großen Campingpark, in dem auch Mobilheime gemietet werden können (www.campingpark-gedern.de).

ZIEGENHOF BÄR /// NIDDERGRUND 4 ///
63679 SCHOTTEN-BURKHARDS ///
0 60 45 / 3 87 30 02 /// WWW.ZIEGENHOF-BAER.DE ///

BIN SO SATT, MAG KEIN BLATT, MÄH! MÄH!

Schotten – Ziegenhof Bär in Burkhards

40 Weiße Deutsche Edelziegen halten Ludwig »Lucky« Bär und Anja Reifegerste auf ihrem Hof in Burkhards, zwei Dutzend neugeborene Zicklein pro Jahr nicht eingerechnet. Lucky, der früher im Südschwarzwald zu Hause war, tritt im Vogelsberg mit der Ziegenkutsche bei Kindergeburtstagen und Volksfesten auf, so etwa als Nikolaus beim »Nickelches Määrt«, und fährt Hochzeiter achtspännig zur Kirche.

Die Ziege ist neben dem Hund eines der ältesten Haustiere der Menschheit. Die knochigen Vierbeiner sind intelligent und anhänglich, wenn auch mäkelig, wie wir aus dem Grimm'schen Märchen *Tischlein deck dich* wissen. Die genügsamen Hornträger ernähren sich von Blättern, Gehölztrieben, Rinden, Gras und Kräutern. Kein Pfad ist ihnen zu schmal, kein Ast hängt ihnen zu hoch – um an diese heranzukommen, stellen sie sich auf die Hinterbeine; so mancher Strauch stirbt dadurch ab. Weil sie auch Büsche fressen, leiht der Landesbetrieb *HessenForst* sich gelegentlich Tiere vom *Ziegenhof Bär* und setzt sie zur Landschaftspflege verbuschter, magerer Flächen ein. Auch sonst sind Ziegen überaus nützlich, liefern Fleisch, Milch, Käse, Leder und manche Rassen auch Wolle. Das fett- und cholesterinarme Ziegenfleisch gilt Feinschmeckern als Delikatesse. In Deutschland galt die Ziege immer schon als »Kuh des kleinen Mannes«. Noch im 19. Jahrhundert dienten Arbeitsziegen als Zugtiere von Leiterwagen für Waren, Wasserbehälter oder Milchkannen. In wohlhabenden Kreisen spannte man Ziegen zum Vergnügen der Kinder an. Frankreich kennt um die 100 Ziegenkäsesorten, auch deutsche Käsetheken sind mit Frisch-, Weich- und Schnittkäse von Ziegen gut bestückt.

✍ Herbsteiner Direktvermarkter züchten Burenziegen (www.vogelsberger-ziegen.de). Eine Liste von Milch- und Käseanbietern im Vogelsberg findet man unter www.milchhessen.de.

EIN FESTE BURG IST EUER GOTTESHAUS

Schotten – Evangelische Kirche in Wingershausen

Basalt ist das Urgestein des Vogelsbergs, des mit 60 Quadratkilometern größten Vulkangebiets Mitteleuropas – zehn Millionen Jahre aktiv, seit sieben beruhigt. Basalt begegnet man hier auf Schritt und Tritt, nicht nur bei Wanderungen im Naturpark Hoher Vogelsberg. Ebenso kennt und sieht man das schwärzliche Gestein als grobes Straßenpflaster, Trockenmauern und aufgeschichtete Mäuerchen neben Feldern, aus deren Untergrund sich fortwährend steinige Brocken ans Tageslicht hochschaffen, kaum sind die vorhandenen verlesen. Die meisten Steinbrüche, aus denen sich Dorfbewohner früher mit Baumaterial bedienten, sind heute verschüttet und vergessen, manche, wie am Grillplatz Hasenköppel bei Frischborn, umgenutzt. Ihre einstige Ausbeute wirkt stabilisierend als Sockel für Wohnhäuser und Mauern für Gutshöfe und Schlösser.

Ein einmaliges Juwel des regionalen Basaltbaus stellt die Evangelische Kirche in Wingershausen dar. Das wuchtige, 1904 im neugotischen Stil errichtete Gotteshaus mit Spitzbogenfenstern und einem spitz behelmten Turm ruht majestätisch auf einem Hügel mitten im Dorf. Der T-förmige Grundriss entspricht dem Vorgängerbau. Denn an dieser Stelle wurde vor gut 1.000 Jahren schon die erste Kirche durch einen Mainzer Erzbischof geweiht.

Das 360-Seelen-Dorf ist die älteste Siedlung der 15 Stadtteile von Schotten. So manch hoch gelegener Ort entstand auf dem harten Gestein ehemaliger Vulkanschlote. Dem Basalt, den ausgiebigen Niederschlägen und der häufigen Nebelfeuchte verdankt der Vogelsberg seinen Wasserreichtum, denn das versickernde Nass verrinnt oberhalb undurchlässiger Gesteinsschichten zu Quellen und Bächen. Das schwach besiedelte Vulkangebiet speichert eines der größten Wasserreservoirs in Deutschland und speist den Ballungsraum Rhein-Main mit Trinkwasser.

In Wingershausen betreibt eine Familie die wohl kleinste Schokokuss-Fabrik der Welt, Keil Süßwaren. In Handarbeit entstehen mehr als 60 Arten von Schoküssen. Werktäglicher Fabrikverkauf (www.keil-suesswaren.de).

BADEFREUDEN STATT HOCHWASSER
Schotten – Niddastausee

14

Weit geht der Blick vom Aussichtspunkt an der Ringstraße Hoher Vogelsberg oberhalb von Rüdingshain am Aussichtspunkt *Ludwigsbrunnen* über die kleinräumige Landschaft des Vogelsbergs mit Grünland, Feldern, Hecken und Wald bis in die Wetterau (Bild). Schemenhaft erkennt man in der Ferne die Taunushöhen. Gut zu sehen sind der 65 Hektar große Niddastausee und der Luftkurort Schotten, das touristische Herz des *Naturparks Hoher Vogelsberg*. Mit dem bis zu 30 Meter tiefen und um die sieben Kubikmeter Wasser speichernden Niddastausee schuf Schotten ein unschätzbares Kapital. Der See überflutete als Ergebnis der Niddatalsperre zum Schutz gegen Hochwasser in den 1970er-Jahren die Wiesen, Felder, Felsen und sogar einen Teil der Eisenbahnlinie des Niddatals. Nun ist nicht mehr zu befürchten, dass wie in früheren Zeiten die Niederung zwischen der Schottener Innenstadt, Rainrod und Eichelsdorf unter Wasser steht. In Ulfa und Eichelsdorf entstanden weitere Rückhaltebecken. Das Wasserkraftwerk der Niddatalsperre dient der Stromerzeugung, ein weiterer Vorteil.

Der wichtigste Nebeneffekt aber ist das Freizeitparadies, das für Angler, Surfer, Segler, Camper, Sonnenanbeter und Fans eines kühlen Bades entstand. Es gibt Liegewiesen, Segelclub, Kinderspielplatz, Kiosk, Restaurant und einen 3,9 Hektar großen Campingplatz. Unter Anglern gilt der Niddastausee als Geheimtipp. »Steinige Ufer, steil abfallende Uferkanten und viele Räuber« – so charakterisiert die Zeitschrift *Blinker* die »für Zander, Barsch und Hecht exzellenten« Bedingungen. Die steil abfallenden Ufer schrecken keine Sportschwimmer, könnten aber Kinder und trittunsichere Menschen zum Straucheln bringen. Auf der Campingplatzseite passen Rettungsschwimmer von der DLRG zu bestimmten Zeiten auf, dass nichts passiert.

🖉 14 Kilometer lang ist die Strecke der *Eschenrod-Stauseetour Schotten*. Gute Wandertipps findet man unter www.extratouren-vogelsberg.de.

DIE SCHOTTENRING-EVENTS MELDET DIE REGIONALPRESSE.
DEN JEWEILS AKTUELLEN STRECKENVERLAUF GIBT ES UNTER
WWW.SCHOTTENRING.DE.

DIE VEREINSADRESSE LAUTET: MSC RUND UM SCHOTTEN E. V.
IM ADAC UND VFV /// SEESTRASSE 6 /// 63679 SCHOTTEN ///

»Große Schleife«, »Serpentine«, »Winklerkurve«, »Bachkurve«, »Karussell«, »Poppenstruth« – Namen, die harten Männern und waghalsigen Frauen das Wasser der Rührung in die Augen treiben können. Es sind Abschnittsbezeichnungen des legendären *Schottenrings*, der historischen Rennstrecke des Schottener Motorsport-Clubs. Der Internationale *Schottenring Classic Grand-Prix* für Motorräder findet jeweils im August mit etwa 220 Fahrern und 11.000 Zuschauern statt. Es ist das größte Rennspektakel Hessens. Auf einem Rundkurs von 1,4 Kilometern kämpfen röhrende Zweirad-Veteranen um Punkte bei der *Deutschen Historischen Motorradmeisterschaft.*

Seit 1925 (mit kriegsbedingter Pause) waren die Landstraßen rund um Schotten am Westhang des Vogelsbergs Schauplatz von Motorradrennen. 250.000 Menschen beobachteten 1955 den »ewigen« Rundenrekord von 134,2 Kilometern, den Walter Zeller 1955 auf seiner BMW-Maschine aufstellte. Im selben Jahr – nach dem Tod von 80 Personen beim *24-Stunden-Rennen* in Le Mans – war allerdings Feierabend am Vulkan. Seit 1988 lockt der *Classic Grand-Prix* die Motorsportfans wieder an den Schottenring. Drei Tage lang sind etwa 50 Rennen zu sehen, vor allem die Seitenwagen-Freunde genießen den Rummel. Die ältesten Museumsstücke der Antik-Klasse sind mehr als 100 Jahre alt, liebevoll gepflegte Maschinen, die durchaus noch Rennleistung bringen.

Damit nichts passiert, sind Dutzende Helfer auf den Beinen: 4.770 plastikverpackte Strohballen werden an der Strecke entlang verlegt, 400 Absperrgitter, 1.500 Meter Bauzaun montiert, Dutzende Halteverbotsschilder aufgestellt. Auf den Wiesen Richtung Stausee entsteht eine Zeltstadt, auf dem alten Fußballplatz eine Bewirtungszone, und die Schottener Bergwacht rüstet sich für einen Großeinsatz. Nur die Wetterlage bleibt unplanbar.

🖉 Das *Vogelsberger Heimatmuseum Schotten* zeigt eine Dauerausstellung über den Schottenring (Vogelsbergstraße 95, www.heimatmuseum-schotten.de).

DAS GEOTOP DICKE STEINE IM FELSENMEER BEI NIEDER-OFLEIDEN
IST EIN ZEUGNIS DER VULKANISMUS-GESCHICHTE.

VULKANEUM /// AM VULKANEUM 1 (FÜR NAVIGATIONSGERÄTE:
PARKSTRASSE 10) /// 63679 SCHOTTEN /// 0 60 44 / 66 51 ///
WWW.VULKANEUM.COM ///

SCHICHTTORTE DER ERDGESCHICHTE

Schotten – Vulkaneum

Begeben wir uns im Schottener Erlebnismuseum *Vulkaneum* auf eine Zeitreise zur feurigen Geburtsstunde des Vogelsbergs im tropischen bis subtropischen Klima des Miozäns. Vor 18 bis 15 Millionen Jahren brachen Hunderte Vulkane aus. Es gab auch ruhige Phasen, bevor sich erneut glühende Lavaströme über bereits verwitterte Gebiete ergossen. Deshalb ist der 2.500 Quadratkilometer große Vogelsberg mit einer dicken Schichttorte zu vergleichen. Das *Vulkaneum* schlägt mit Multimedia- und Experimentierstationen eine Wissensbrücke zu den Outdoor-Eindrücken im *Geopark Vulkanregion Vogelsberg*. Mehr als 200 ausgewiesene Geotope gibt es in der Region. Es sind eigenartig geformte, erdgeschichtliche Raritäten von schlichter Schönheit, freigelegter Gesteinsuntergrund, den das Hessische Landesamt für Umwelt und Geologie für schutzwürdig hält. Denn durch Witterung und menschlichen Raubbau verschwinden viele Zeugen der Vulkanhistorie. Das können kleinere Felsklippen oder Steinbrüche sein, Bergkuppen wie der Bilstein oberhalb von Busenborn oder Lavaränder wie die Uhuklippen bei Ilbeshausen-Hochwaldhausen.

Im Vogelsberg entspringen mehrere mittelhessische Flüsse, deren Bezeichnungen sich in Ortsnamen widerspiegeln: Nidda, Nidder, Schwalm, Wetter, Ohm, Schlitz, Horloff, Lauter, Felda. Der Verlauf von Bächen und Flüssen am Vulkan wurde durch das basaltische Kluftsystem gelenkt. Der niederschlagsreiche Vogelsberg ist einer der größten natürlichen Wasserspeicher Deutschlands mit riesigen Grundwassermengen in Trinkqualität, aus denen Frankfurt und das Rhein-Main-Gebiet ein Drittel ihres Verbrauchs abzapfen. In der Großstadt und im Ballungsraum steigt der Wasserbedarf weiter, während sich in Mittelhessen Umweltschützer gegen Ressourcenausbeutung mit dramatischen ökologischen Folgen wehren.

✍ Der Lauterbacher Amateurfilmer Rudolf Dietrich drehte zwei fantastische Dokus über die Tier- und Pflanzenwelt des Vogelsbergs, die immer wieder in Regionalkinos laufen: *Der Vulkan lebt 1* und *2*.

POWER AUF DEM ERLEBNISBERG

Schotten – Baumkronenpfad und
Kletterwald Hoherodskopf

Der Baumkronenpfad am Hoherodskopf mit Hängebrücken zwischen den Bäumen, gut gesichert, ist eine Attraktion für Familien. Mit Kindern und Großeltern im Schlepptau spazieren sie fröhlich rufend über die Holz-Stahl-Konstruktion durch den Buchenwald. Der Baumkronenpfad erlaubt einen 600 Meter langen Höhenspaziergang, dessen größte Herausforderung eine 50 Meter lange Hängebrücke mit engmaschigem Netzgeflecht darstellt und dessen »Höhepunkt« eine Aussichtsplattform mit Weitblick ist, der an Schönwettertagen in der Ferne die Frankfurter Skyline erahnen lässt.

Nebenan ertasten sich ehrgeizigere Tarzans und Janes einen Weg durch den Kletterwald. Dort geht es weniger beschaulich zu als im Baumkronenpfad. 15 Meter über dem Boden ermöglichen zehn Parcours auf einer Strecke von 2,5 Kilometern 110 Übungsmöglichkeiten jeglichen Schwierigkeitsgrads. Das Programm bringt sowohl ängstliche Anfänger als auch coole Kletterprofis ins Schwitzen, kann sie aber auch in Schwing-Trance versetzen und drogenfrei high machen. Dieser Kick ist es wohl, der jedes Jahr Tausende Menschen auf dem Hoherodskopf in luftigen Höhen durch den Wald schweben lässt.

Der mit 764 Metern zweithöchste Berg des Vogelsbergs, wo im Winter Skilifte summen, Rodelschlitten herabsausen und Nordic-Skier über Loipen gleiten, hat fast schon den Stellenwert eines Freizeitzentrums. Die Sommerrodelbahn, auf der man durch die Wiesen bergab gleitet, ist ein Dauerbrenner seit 1980, hat aber Erlebniskonkurrenz: Sinnespfad, Naturspur, Waldführungen, Bodenkunde, Nordic Walking, Geocaching, Kutschfahrten, Motorradtreffen, Adventure-Minigolf, Segelfliegen, Mountainbike-College, Erlebniswald, Heidschnucken-Füttern – habe ich etwas vergessen? Hoherodskopf total!

✿ 130 Betten hat die ganzjährig geöffnete Jugendherberge Hoherodskopf. Das Bett-und-Bike-Haus liegt direkt am Fernwanderweg R4 und am *Vulkanradweg* (www.hoherodskopf. jugendherberge.de).

EIN GUTER STARTPUNKT FÜR DIE ERKUNDUNG DES HOHEN VOGELSBERGS IST DAS GANZJÄHRIG GEÖFFNETE INFORMATIONS-ZENTRUM HOHERODSKOPF /// AM HOHERODSKOPF /// 63679 SCHOTTEN /// 0 60 44 / 9 66 93 30 /// WWW.HOHERODSKOPF-INFO.DE ///

AUF SCHUSTERS RAPPEN IM MITTELGEBIRGE
Schotten – unterwegs zwischen Hoherodskopf und Taufstein

Nur etwa 1.000 Schritte Grasweg (Foto) trennen die beiden höchsten Erhebungen des Vogelsbergs, den Hoherodskopf (764 Meter) und den Taufstein (773), wo sich eine Jugendherberge befindet. Zwischen diesen beiden beliebtesten Kuppen des Vulkans, um den sich kilometerweit der Oberwald ausdehnt, pendeln an sonnigen Tagen viele Ausflügler. Die Bergkuppen des Hohen Vogelsbergs entstanden vor 17 Millionen Jahren, als sich Lavamassen aus Schloten und Spalten über eine Fläche von 2.500 Quadratkilometern ergossen. Das ausgedehnte Wandergebiet mit 200 geschützten, weil erdgeschichtlich wichtigen Geotopen verdanken wir der jahrtausendelangen Erosion und Verwitterung, durch die sich ein landschaftlich vielfältiges und artenreiches kleines Mittelgebirge bildete.

Der älteste und nach wie vor beliebteste Wanderweg ist der *Höhenrundweg*. Dieser »H-Weg« mit grüner Markierung führt zunächst vom Taufstein über den Geiselstein. Spielt hier Ihr Kompass verrückt? Keine Zauberei, das magnetisch wirkende Gestein kann Kompassnadeln umlenken. Das liegt daran, dass der Basalt des Geiselsteins zu 72 Prozent aus Magnetit (Eisenerz) besteht. Wenn der Geiselstein gewürdigt, das Hochmoor umrundet und die Forellenteiche begutachtet sind, geht es weiter durch Wald und Flur bis zum Hoherodskopf. Viel Proviant muss man nicht mitschleppen, am Wegesrand laden mehrere Restaurants, Gasthöfe und das *Café Baumhaus* zur Einkehr. Fast schon alpinen Charakter hat die mittelschwere *Gipfeltour Schotten*, die als Rundweg auf 14 Kilometern über die vier Kuppen Hoherodskopf, Gackerstein, die Platte, den Bilstein und durch das Dörfchen Busenborn führt. Über den *Höhenweg* lässt sich diese Wanderung zu einer 20-Kilometer-Tagestour ausdehnen.

✍ Der *Geopfad* führt auf Waldwegen nach Hochwaldhausen. Elf Stationen beschreiben markante Steine: Kalk, Basalt, Buntsandstein, Suevit, Trachyt, Eiszeitfindling, Kissenlava, Eisenverhüttung, Quarzit, Granit und Gneis.

VON DER RASTHAUSSTRASSE AUS (PARKPLÄTZE) GELANGT MAN
ZU DEN BERGMÄHWIESEN AUF DER HERCHENHAINER HÖHE ///
36355 GREBENHAIN-HERCHENHAIN /// WWW.BERGMAEHWIESEN.DE ///

SONNIGE HÜGEL, SAFTIGE WEIDEN

*Grebenhain – Bergmähwiesenpfad
auf der Herchenhainer Höhe*

(19)

Oberhalb von Herchenhain liegt mit 733 Höhenmetern eine der vier markanten Erhebungen in der Landschaft des Vogelsbergs (abgesehen von Taufstein, Hoherodskopf und Sieben Ahorn an der Niddaquelle). Die Herchenhainer Höhe am südlichen Rand des Oberwaldes, um die der neun Kilometer lange *Bergmähwiesenpfad* mit acht Informationsstationen führt, ist ein beliebtes Naherholungsgebiet. An klaren Tagen reicht der Blick bis in Spessart, Wetterau, Taunus, Rhön und Gießener Land; eine Panoramatafel hilft bei der Orientierung. Das frische Gras der Vogelsberger Bergmähwiesen ist für Rinder, Schafe und Ziegen ein gefundener Gourmetfraß mit wertvollen Nährstoffen, Kräutern und Gräsern. Erreicht wird diese gesunde Ernährung für das Vieh und indirekt für die Menschen durch gezielte Heuernte, nur ein- bis zweimal jährlich, nicht zu früh und nicht zu spät, und durch Verzicht auf Düngung. Auf diese Weise erhält sich nicht nur die Pflanzenvielfalt, auch seltene Vögel, Schmetterlinge und Insekten finden genügend Nahrung. Und die Verbraucher profitieren vom schmackhaften Bienenhonig.

Der *Herchenhainer Höhenweg* – einer von sieben ausgewiesenen Rundwanderwegen der Gemeinde Grebenhain – streift mehrere Naturdenkmale, zum Beispiel die Bonifatiuskanzel, eine Säulenbasaltformation, in deren Nähe der Missionar in den 720er-Jahren gepredigt haben soll. An dieser Stelle entlang verläuft auch die 172 Kilometer lange *Bonifatiusroute*. Sie entspricht in etwa dem Weg, den die Trauerprozession mit dem Leichnam des Bischofs von Mainz im Jahre 754 nach Fulda nahm. Häufig dichtete der Volksmund Sagen um Zufallsgebilde der Natur. So soll die 15 Meter hohe Felswand *Das Gesicht* an der Strecke des Höhenwegs das versteinerte Antlitz einer undankbaren Tochter sein, die ihren alten Vater fortjagte.

🐎 Im Juni findet ein beliebtes *Bergmähwiesenfest* statt. An der ganzjährig geöffneten Jausenstube *Vogelschmiede* gibt es eine Anbindestation für Pferde (www.vogelschmiede.de).

AM SCHLEPPLIFT DER HERCHENHAINER HÖHE GLEITEN
WINTERSPORTLER DURCH MALERISCHES WALDGEBIET BERGAUF.

EINE WEBCAM UND ZWEI SCHNEETELEFONE INFORMIEREN AKTUELL
ÜBER DIE WINTERSPORTMÖGLICHKEITEN AM HOHERODSKOPF,
TAUFSTEIN UND DER HERCHENHAINER HÖHE /// 0 60 44 / 66 66 (ALPIN)
UND 0 66 43 / 9 18 88 76 (NORDIC) /// WWW.SKILIFT-HERCHENHAIN.DE ///
WWW.SKI-TAUFSTEIN.DE ///

Um den Erhalt des seit 1968 existierenden 600 Meter langen Ski-schlepplifts und die Pistenpflege an der Herchenhainer Höhe kümmert sich der 2017 gegründete *Skiclub Herchenhain*. Im ersten Vereinsjahr traten bereits 250 Menschen bei, die Hälfte davon begeisterte Wintersportler aus dem Rhein-Main-Gebiet. Das winterliche Ausflugsziel Herchenhainer Höhe ist besonders für Familien attraktiv. Die Piste ist ideal für Kinder, die hier erste Erfahrungen mit Alpinski sammeln können, während Jugendliche sich auf der Rodelbahn tummeln – einer der beiden längsten Schlittenbahnen in Hessen; die zweite befindet sich nebenan auf dem Hoherodskopf. Von dort aus laufen zwei weitere Skilifte für Alpinfahrer auf den Pisten Breungeshainer Hang und an der Rennwiese.

Skilangläufer finden von der Herchenhainer Höhe aus auch einen Einstieg in das ausgedehnte Loipengebiet des Naturparks Hoher Vogelsberg. Denn an Schönwettertagen ist das Gebiet rund um das *Ski Langlauf Zentrum Taufsteinhütte*, wo man sich eine Ausrüstung leihen kann, oft überfüllt. 50 Kilometer weit reicht das bei Bedarf täglich gespurte, für unterschiedliche Schwierigkeitsgrade geeignete Loipennetz (zum Verlauf siehe *Wintersportkarte Hoher Vogelsberg*). Für Spaziergänger und Schneewanderer werden eigene Wege präpariert. Und auf dem Nordplateau des Taufsteins liegen die offiziellen Wettkampfstrecken des *Hessischen Skiverbandes*, in die eine fünf Kilometer weit reichende Skatingpiste integriert ist.

Wer Schlittschuh laufen möchte, kann auf den Schottener Eisteich in der Nähe des Niddastausees ausweichen oder in die Eissporthalle des *Freizeitzentrums Lauterbach*. Anhänger des modernen Sports Snowshoeing – Schneeschuhwandern – erfahren im *Ski Langlauf Zentrum Taufsteinhütte* Termine für geführte Wanderungen.

✍ Bester Ausgangspunkt für Langläufer ist die Hütte *Loipenhaus* östlich der *Taufsteinhütte* an der Ringstraße Hoher Vogelsberg Richtung Hochwaldhausen (großer Parkplatz).

TEUFELSMÜHLE /// MÜHLWEG 3 ///
36355 GREBENHAIN-ILBESHAUSEN-HOCHWALDHAUSEN ///

WEITERE INFOS ERTEILT DAS INFORMATIONSHAUS HOCHWALDHAUSEN ///
HINDENBURGSTRASSE 63 /// 36355 GREBENHAIN-ILBESHAUSEN-
HOCHWALDHAUSEN /// 0 66 43 / 8117 ///
WWW.ILBESHAUSEN-HOCHWALDHAUSEN.DE /// WWW.GREBENHAIN.DE ///

Grebenhain – Teufelsmühle in Ilbeshausen-Hochwaldhausen

»Teufelskanzel«, »Teufelstisch«, »Teufelsmühle« – es mag an den urgewaltigen Basaltformationen und vulkanischen Brocken liegen, die sich im Wald bei Hochwaldhausen häufen, dass der Hohe Vogelsberg so manchem Wanderer unheimlich und gottverlassen vorkam. Sagen, Legenden und Fantasien ranken sich um den Oberwald, die früher an dunklen Winterabenden, während die Spinnräder schnurrten, ausgeschmückt wurden.

Die »Teufelsmühle« in Ilbeshausen-Hochwaldhausen, einem Ortsteil der Gemeinde Grebenhain, heißt eigentlich Hansenmühle, mundartlich »Hansemellesch«. Das 2014 für seine vorbildliche Sanierung unter Verwendung historischer Materialien und Handwerkstechniken mit dem *Hessischen Denkmalschutzpreis* prämierte Gebäude war ursprünglich ein Riedesel'scher Besitz. Im 16. Jahrhundert gaben die Freiherren ihn als Lehen an Claes Tuveln. Aus dieser Zeit stammt die Verballhornung zu »Teufel«. Bis heute nehmen Tuvelns Nachfahren die Verpflichtung ernst. Dem Lauterbacher Zimmermann Hans Muth, der 1691 einen Neubau errichtete, verdankt Hessen eine seiner bedeutendsten Fachwerkbauten und der Luftkurort Ilbeshausen eine Attraktion. Die »Teufelsmühle«, deren Rad weiterhin, wenn auch mittlerweile funktionslos, Schwarzbachwasser schaufelt, verfügt über kunstvolles Sichtfachwerk in den Brüstungsfeldern der Fassade. Hans Muth hatte offenbar, so erklären es Architekturhistoriker, von seinen Lehr- und Wanderjahren aus dem reicheren Thüringen allerhand motivische Anregungen in seine Heimat mitgebracht. Die für ein Fachwerkhaus jener Zeit ungewöhnliche Höhe des Erdgeschosses, das leicht vorragende Obergeschoss, die vielen regionuntypischen Zierformen der Eichenbalken, der Verzicht auf Schindeln zum Wetterschutz an Frontgiebel und Vorderfassade – all das macht daraus ein architektonisches Wunderwerk.

✍ Die »Teufelsmühle« liegt am Wegesrand der 115 Kilometer langen *Vulkanring*-Wanderstrecke quer durch den Vogelsberg (www.vulkanring-vogelsberg.de).

AUF DREI-SEEN-TOUR
Freiensteinau – Mooser Teiche

Die vor rund 500 Jahren aufgestauten vier Mooser Teiche dienten der Fischzucht für Fuldaer Kirchenmänner und für die Adelsfamilien der Region. Nebenbei boten sie Vögeln, Schmetterlingen und Libellen geradezu paradiesische Verhältnisse. Die Auffassung, dass die Natur vor dem schädlichen Einfluss der raubbaufreudigen Menschheit geschützt werden muss, ist eine ebenso moderne Erscheinung wie die Leidenschaft, im Sommer kühle Seebäder zu nehmen. Letzterem Vergnügen des Freizeitmenschen unserer Tage tragen die Betreiber des Campingplatzes am Nieder-Mooser See Rechnung. Er ist das einzige wassersporttaugliche Gewässer des leicht hochtrabend als »Vogelsberger Seenplatte« charakterisierten Gebiets. Dort befindet sich eine bewachte Badestelle, man kann segeln, surfen, Tretboot fahren, es gibt Sandstrand und Liegewiese, Spielplatz, Bolzplatz. Wer einen gültigen Jahresfischereischein vorlegen kann, bekommt vom Verein der *Angelfreunde* Tageskarten und darf sein Fangglück bei Hechten, Schleien, Forellen, Zandern und Aalen herausfordern.

Am Nieder-Mooser Seeparkplatz startet die 13 Kilometer lange Wanderstrecke *Drei-Seen-Tour Freiensteinau*. Der Weg führt durch den Rothenbach-Wald zum zweiten Mooser Gewässer, dem Rothenbachteich kurz vor Bermuthshain. Von hier führt er nach Südosten zum Ober-Mooser Teich, den zu umrunden einer der schönsten Spaziergänge im Vogelsberg ist. Folgt man dem Uferweg auf die Südseite des Sees, gelangt man an die *Walter-Kress-Hütte*, die der *Naturschutzbund Hessen* zur Vogelbeobachtung errichtet hat. Den Rothenbachteich, den Ober-Mooser Teich und das vierte Mooser Gewässer, den kleineren Reichloser Teich östlich von Gunzenau, erwarb der Vogelsberger NABU für die stattliche Summe von 600.000 Euro von den Freiherren Riedesel zu Eisenbach.

✍ Die Kuchen und das Sonntagsbuffet einmal im Monat in *Heidis Caféstübchen* im Ober-Mooser Friedhofsweg erfreuen sich großer Beliebtheit (unbedingt reservieren, www.heidis-cafestuebchen.de).

Naturschutzgebiet

EIN GUTER STARTPUNKT FÜR DIE UMRUNDUNG DES OBER-MOOSER
TEICHES IST DIE NABU-INFOHÜTTE IM ALTEN TEICHHAUS AM
NORDÖSTLICHEN UFER, SÜDLICH DER BERMUTHSHAINER STRASSE.

WEITERE INFORMATIONEN ERTEILT DIE GEMEINDE FREIENSTEINAU ///
ALTE SCHULSTRASSE 5 /// 36399 FREIENSTEINAU ///
0 66 66 / 9 60 00 /// WWW.FREIENSTEINAU.DE ///

WO DER SCHWARZHALSTAUCHER BRÜTET

Ober-Moos ist eins der zwölf weit verstreuten Dörfer der Großgemeinde Freiensteinau, die über sechs Naturschutzgebiete verfügt,
darunter das NSG Ober-Mooser Teich. Der *Naturschutzbund Vogelsberg* erwarb dieses und drei andere Mooser Gewässer, um eine
künftige wirtschaftliche Nutzung zu verhindern. Die NABU-Akti-
visten wollen stattdessen artgerechte Bedingungen schaffen, damit
bedrohte Vogelarten ungestört brüten, heimische Vögel überwintern,
Zugvögel rasten können.

16 Libellen- und 22 Schmetterlingsarten, darunter der seltene
gelb-blau gefleckte Schwalbenschwanz, wurden bislang gesichtet,
sowie 165 Vogelarten: Schwarzstörche, Eisvögel, Graureiher, Stock-,
Krick- und andere Enten. Der Schwarzhalstaucher hat hier eine von
zwei Brutstellen in Hessen. Fischadler spähen im Rüttelflug Beute
aus, schwarze Kormorane trocknen ihr breites Gefieder auf dem Baum
einer kleinen Seeinsel, Schwäne ziehen mit Nachwuchsgefolge gemächlich übers Wasser. Eine Idylle! Allerdings: Überlässt man das Gebiet sich selbst, verlandet es allmählich, es kommt zu einer Versump-
fung. Das passiert, wenn Teiche und Seen intensiv durch Abwässer
oder Dünger mit Nährstoffen versorgt werden, wodurch sich über-
flüssige Wasserpflanzen (zum Beispiel Algen) verbreiten können. Der
mit 1,5 Metern Tiefe ohnehin flache Ober-Mooser Teich wird deshalb
von Zeit zu Zeit vollständig entleert und bleibt ein bis zwei Jahre was-
serfrei. Die Fische werden eingesammelt und ziehen für diese Zeit in
den kleinen *Mittelteich* des Naturschutzgebietes um. Nun erscheinen
unbekannte Gäste: Die langschnäbelige Bekassine, der flink staksende
Rotschenkel, auch der Kampfläufer mit buschigen Halskrausen und
andere Watvögel rasten gern auf Schlick und Schlamm. Je frostreicher
die Winter, desto schneller darf wieder Wasser in den Teich.

✍ In der Alten Schule von Bermuthshain (vier Kilometer von
Ober-Moos) vermittelt das *Muna-Museum Grebenhain* die Geschichte der *Luftmunitionsanstalt Hartmannshain* von 1936 bis
1945 (www.muna-grebenhain.de).

EVANGELISCHE KIRCHE NIEDER-MOOS /// MITTELGASSE 5 ///
36399 FREIENSTEINAU-NIEDER-MOOS /// 0 66 44 / 77 33
(KONZERTBÜRO) /// WWW.NIEDER-MOOSER-KONZERTSOMMER.DE ///

24

Sie ist nicht die älteste, nicht die größte, aber die bedeutendste vollständig erhaltene Kirchenorgel Hessens aus der Zeit des Klassizismus. Dem 1791 eingeweihten Denkmal-Instrument verdankt Nieder-Moos ein überregional beachtetes Kulturereignis: den *Nieder-Mooser Konzertsommer* mit internationalen Organisten und Chören. Die Orgel fällt schon durch die Maße ihrer Fassade auf: Sie hat einen 15-achsigen, mit 23 Registern ausgestatteten, mit vergoldetem Schleierwerk über den Pfeifenreihen versehenen Rokoko-Prospekt. Ihr Schöpfer, Johann-Markus Oestreich, war der bekannteste Handwerker einer fünf Generationen umfassenden Orgelbauerfamilie. Er stammte aus Oberbimbach im Fuldaer Land, wo er die meiste Zeit seines Lebens verbrachte, mit zwei Ehefrauen 13 Kinder zeugte und 95-jährig starb. Oestreich baute 32 Orgeln für hessische, westfälische, thüringische und fränkische Kirchen.

Das Nieder-Mooser Gotteshaus ist in mehrfacher Hinsicht ungewöhnlich, vor allem groß; es bietet mehr als 700 Menschen Platz. Die zentralen Kirchenbänke, auch der Altar, stehen längs des Kirchenschiffs, die Orgel ruht über dem seitlichen Haupteingang. Diese eigenartige Anordnung erinnert mich an das 100 Jahre später entwickelte moderne Konzept für den evangelischen Kirchenbau in Deutschland: Gotteshäuser sollten nicht mehr in gotischer Tradition mit einer lang gestreckten Halle, sondern als Versammlungsräume errichtet werden, in denen die Gläubigen näher an den mittigen Altar heranrücken. Zwischen 1894 und 1914 wurden in Deutschland 30 Kirchenneubauten nach dieser Idee realisiert, erstmals in Hessen mit der Wiesbadener Ringkirche. Wer weiß, vielleicht nahm der dreitürige Nieder-Mooser Quersaal der Patronatsherren Riedesel zu Eisenbach ein wenig von diesem protestantischen Geist vorweg.

✎ Auch die traditionellen *Lauterbacher Pfingstmusiktage* zählen zu den Geheimtipps für Freunde klassischer Musik in Hessen (www.pfingstmusiktage.de).

ALTE RASSEN, KORNBLUMEN, SCHNEITELBÄUME

Ulrichstein – Vogelsberggarten

25

Die Ruine der Burg Ulrichstein thront auf einem Vulkanschlot über der höchsten Stadt Hessens (614 Meter), in deren neun Dörfern jedoch nur 3.000 Menschen leben. Aber Stadt ist Stadt und muss sich als »staatlich anerkannter Erholungsort« mit Naturbadebiotop, Stellplatz für zwölf Reisemobile, 60 Windenergie-Anlagen und mit einer 4.000 Bände umfassenden Vogelsbergbibliothek in der alten Zehntscheune nicht verstecken. Als Höhepunkt (im doppelten Sinne) vermittelt der *Vogelsberggarten*, der unter der Regie des *Naturparks Hoher Vogelsberg* angelegt wurde, ein Bild der einstigen bäuerlichen Kulturlandschaft: Um die Burgruine von Ulrichstein führt ein 800 Meter langer Rundweg Spaziergänger in eine verschwundene Welt ohne Kunstdünger und Pflanzenschutzmittel, in der Wildpflanzen, Gräser, Kräuter, Dornhecken das Landschaftsbild genauso prägten wie die typisch hessische Patchwork-Decke aus Kornfeldern, Kartoffeläckern und Viehweiden. Wegen der Höhenlage, der Kegelform des Berges, des verwitterten Basaltbodens eignet sich das mit Rainen, Gebüschen, Felsen, Mauern, Wiesen und Wäldchen vielseitige Gelände als historisches Lehrstück.

Im *Vogelsberggarten* gedeihen mindestens 243 wild wachsende Pflanzen und weiden alte Nutztierrassen. Ein kleiner Acker enthält seltene Unkräuter, wie die wunderschön blau blühenden Kornblumen, die man heute als Züchtung teuer in Blumenläden erstehen muss. Es gibt einen Bauerngarten mit alten Rosensorten, ein Heilkräuterbeet, alte Obstbaumsorten und Schneitelbäume – das sind Bäume, die »geköpft« werden, um die jungen Triebe als »Laubheu« zu verfüttern, eine alte und sparsame Methode der Viehwirtschaft, weil aus den »Kopfbäumen« rasch neue Triebe sprießen. Im Alpenraum und in ärmeren Gegenden hatten solche Futterbäume eine wichtige Funktion.

Im *Vogelsberggarten* weiden vor allem alte Nutztierrassen. Auch die Weißen Gehörnten Heidschnucken (Foto) sind vom Aussterben bedroht.

MUSEUM IM VORWERK /// HAUPTSTRASSE 33 /// 35327 ULRICHSTEIN ///
0 66 45 / 72 67 /// WWW.MUSEUM-IM-VORWERK.DE ///

Im Mittelalter führte die kürzeste Strecke zwischen den Messestädten Frankfurt und Leipzig, die *Kurze Hessen*, auf meist schmalen Wegen über die Anhöhen des nördlichen Vogelsbergs und Thüringens, während die *Lange Hessen* in etwa dem Verlauf der heutigen Autobahn A 5 entsprach. Die »kurze« Reisemöglichkeit hatte häufig ihren Preis, denn Kaufleute wurden in einsamen Gegenden oft überfallen und beraubt. Die *Kurze Hessen* führte an Ruppertenrod vorbei, wenige Kilometer nördlich von Ulrichstein – fatal für einen nahe gelegenen kostbaren Besitz. In der Ulrichsteiner Zehntscheune, einem ehemaligen Zollhaus, in dem die Burgherren die Abgaben der Bevölkerung eingesammelt hatten, befand sich seit dem Jahr 1700 die großherzogliche *Stutterey*, ein Gestüt, in dem die Ulrichsteiner Pferderasse gezüchtet wurde. Als nun im Winter 1812 die überlebenden Soldaten von Napoleons Truppe auf ihrem Rückzug vom Russlandfeldzug zerlumpt, hungrig und krank durch die Gegend streiften, requirierten sie die Ulrichsteiner und versetzten der Rasse damit den Todesstoß, es gibt sie nicht mehr.

Die gewaltige Zehntscheune, ein Bruchsteingebäude aus der Frührenaissance, beherbergt heute auf drei Etagen das *Museum im Vorwerk* der Stadt Ulrichstein, eine Fundgrube an Vogelsberger Kulturgut aus den Bereichen Landwirtschaft, Forsten und Jagd. Es enthält die komplette alte Landwirtschaftsschule aus Alsfeld, eine Schusterei und andere Werkstätten, eine Sammlung Riedesel'scher Jagdtrophäen. Zu diesen zählt ein furchterregend langer »Saustecher«, der zum Töten und Ausweiden von Wildschweinen diente. Besonders interessant ist die geologische Abteilung zur Entwicklung des Vogelsbergs als größtem zusammenhängendem Vulkangebiet Europas.

✍ Die *Fuhrhalterei Fritz* in Ulrichstein-Rebgeshain organisiert Planwagen- und Kutschfahrten (www.fuhrhalterei-fritz.de). Wanderreiter und ihre Pferde beherbergt der *Eichwiesenhof* in Bobenhausen 2.

NATURBADEBIOTOP /// ERLENWEG (UNTERHALB DES FERIENPARKS BURGBLICK) /// 35327 ULRICHSTEIN ///

WEITERE INFORMATIONEN ÜBER DIE STADT ULRICHSTEIN GIBT ES IM FREMDENVERKEHRSAMT /// MARKTSTRASSE 28–32 /// 35327 ULRICHSTEIN /// 0 66 45 / 96 10 20 /// WWW.ULRICHSTEIN.DE ///

LIBELLEN UND SEEROSEN STATT CHLOR

Ulrichstein – Naturbadebiotop

27

Ulrichstein ist neben Schotten und Grebenhain das Zentrum des Hohen Vogelsbergs. Dessen Kuppen bleiben selbst heute, in der klimawandelbedingten gemäßigten Winterkälte, länger als andernorts schneebedeckt, und dessen ackerfreie Grünlandflächen ähneln ein wenig dem West-Allgäuer Voralpenland. Hier fällt im Jahresverlauf mehr Wasser vom Himmel als in anderen hessischen Regionen, und es ist immer ein paar Grad kühler. In Ulrichstein weht meist ein frisches Lüftchen, angenehm, besonders an heißen Sommertagen, wenn in den Freibädern von Lauterbach, Landenhausen, Ilbeshausen und am Gederner oder Nieder-Mooser See die Wasser- und Wiesenflächen voll von Menschen sind. Dann lohnt ein Ausflug ins Ulrichsteiner *Naturbadebiotop* mit großer Liegewiese in idyllischer Landschaft neben dem einstigen Ferienpark *Burgblick*. Herrlich weiches, nicht gechlortes und dennoch sauberes Wasser umplätschert die Schwimmenden auf knapp 500 Quadratmetern bei einer Tiefe von bis zu 3,5 Metern. Der Trick: Das mit Teichbaufolie gegen Versumpfen ausgelegte Naturschwimmbad grenzt an einige Regenerationsbecken. Dadurch reinigt sich das Wasser quasi von selbst, unterstützt durch Sumpf- und Wasserpflanzen und eine Umwälzpumpe. Aufgefüllt wird der Badeteich durch Quell- und Regenwasser. Leider schließt die Anlage nach höchstens drei Monaten Badebetrieb Ende August, manchmal früher – der Herbst hält hier oben früh Einzug.

Nur zwei Kilometer entfernt vom *Naturbadebiotop*, Richtung Stumpertenrod, liegt das *Zeltlager Eckmannshain* (www.eckmannshain.de), ein seit den 1950er-Jahren bei vielen Jugend- und Freizeitgruppen beliebtes Gelände, das ursprünglich dem Landkreis gehörte und jetzt von einem Förderverein getragen wird. 110 Gäste übernachten mitten in schönster Natur in zehn Großzelten und drei Zimmern.

🛷 Rund um Ulrichstein werden im Winter zwei Langlaufloipen gespurt, auf denen Nordic-Ski-Läufer knapp vier und gut sechs Kilometer durch die Schneelandschaft gleiten können.

DIE ERHEBUNG GOLDENER STEINRÜCK LIEGT AN DER RADSTRECKE
VOGELSBERGER NORDOSTRUNDFAHRT ZWISCHEN LAUTERTAL-ENGELROD
UND ULRICHSTEIN-HELPERSHAIN (K 131).

WEITERE INFORMATIONEN ERTEILT DIE REGION VOGELSBERG TOURISTIK ///
AM VULKANEUM 1 /// 63679 SCHOTTEN /// 0 60 44 / 96 69 30 ///
WWW.VOGELSBERG-TOURISTIK.DE ///

WINDIGER PARK IM PARADIES

Lautertal – Goldener Steinrück bei Engelrod

28

Das Rhein-Main-Gebiet brütet unter einer Hitzeglocke. Zwischen den Dörfern Engelrod und Helpershain weht an diesem Julitag ein angenehmes Lüftchen. Die Wiesen sattgrün, der Himmel stahlblau, die Sonne heizt, ein Käfer krabbelt über den Weg. Goldener Steinrück, 578 Meter hoch, paradiesisch. Ein leichtes Summen dringt ans Ohr – Libellen? Aber nein: 43 Windräder werfen hier oben gemächlich und leise flirrend ihre Schatten übers Land, es ist der größte Windpark des Bundeslandes. Jedes dritte hessische Windrad dreht sich im *Naturpark Hoher Vogelsberg*. Windkraftanlagen prägen das Landschaftsbild. Im Regierungsbezirk Mittelhessen soll bis zum Jahr 2050 der gesamte Bedarf an Strom und Wärme durch erneuerbare Energien gedeckt werden. Wo sich Hügel und Bergkuppen erheben, bläst auch der Wind. Deshalb liegen viele Vorranggebiete für Windenergie in Mittel- und Osthessen. Ulrichstein machte als kommunaler Betreiber eines der ersten Windparks in Deutschland überregional Schlagzeilen. Die höchstgelegene hessische Stadt fährt mit Gewerbesteuern und dem Ertrag aus eigenen Anlagen inzwischen gute Gewinne ein. Hunderte Einwohner, die Anteile an drei Bürgerparks erwarben, profitieren ebenfalls finanziell. In Zeiten stetig abnehmender Einwohnerzahlen in ländlichen Gebieten stellt die Windkraft einen wichtigen Aspekt der regionalen Wertschöpfung dar. Nicht alle Vogelsberger freuen sich darüber: In der Bürgerinitiative *Gegenwind Vogelsberg* schlossen sich mehr als zwei Dutzend lokale Protestgruppen zusammen. Naturschützer richten ihre besondere Aufmerksamkeit auf den Rotmilan, eines der häufigsten Kollisionsopfer an Windenergieanlagen. Denn die Hälfte dieser Greifvögel weltweit brütet in Deutschland, etwa 1.200 Paare in Hessen, vor allem im Vogelsberg.

⚘ Manches Windrad ist mittlerweile stillgelegt, es gibt strengere Auflagen. Der Oberwald und ausgewiesene Flächen des *Naturschutzgroßprojekts Vogelsberg* bleiben tabu.

ALTER GALGEN /// GALGENWEG (NACH ORTSAUSGANG CIRCA EIN KILOMETER) /// 36369 LAUTERTAL-HOPFMANNSFELD ///

WEITERE INFORMATIONEN ERTEILT DIE GEMEINDEVERWALTUNG LAUTERTAL /// RATHAUSSTRASSE 3 /// 36369 LAUTERTAL-HÖRGENAU /// 0 66 43 / 9 61 00 /// WWW.LAUTERTAL-VOGELSBERG.DE ///

WO DIE HOLZHAUER WOHNTEN

*Lautertal – Alter Galgen zwischen
Hopfmannsfeld und Hörgenau*

29

Ein asphaltierter Feldweg verbindet das auf einem Bergrücken zwischen der Lauter und dem Eisenbach gelegene Dorf Hopfmannsfeld mit Hörgenau. Am Rande dieser einst bedeutenden Frankfurter Fahrstraße stehen zwei eigenartige Sandsteinsäulen, die ruinenhaft wirken, als habe man vergessen, sie abzureißen. Es handelt sich um die Säulen eines 1707 errichteten Galgens, die ursprünglich einen Holzbalken trugen, ein sogenanntes Dreiholz. Ob an diesem hübschen Platz jemals eine Hinrichtung stattgefunden hat, weiß niemand genau.

Dass die wuchtige Hopfmannsfelder Anlage überhaupt von der Familie Riedesel zu Eisenbach gebaut wurde, hat mit einem Streit um die Gerichtsbarkeit zu tun. Im 1276 erstmals erwähnten »Holzmannesvuelt« (Ort, an dem der Holzhauer wohnt) befand sich ein Gerichtszentrum der Abtei Hersfeld für die fünf Vogelsberger Dörfer Allmenrod, Blitzenrod, Dirlammen, Frischborn, Sickendorf und einige Weiler in dieser Gegend. Ab 1428 waren dafür die Riedesels als Lehnherren zuständig, aber dann gab es Meinungsverschiedenheiten deswegen mit den hessischen Landgrafen. So schufen die Eisenbacher mit dem Galgenbau einfach Tatsachen. Allerdings wurde das Gericht schon 1736 nach Engelrod verlegt. 1891 sollte der Galgen abgebrochen werden – massive Steine waren kostbar und konnten anderweitig wiederverwendet werden. Das jedoch verhinderte das großherzogliche Finanzministerium, in dessen Abteilung für Bauwesen offenbar Männer mit Sinn für Erinnerungskultur saßen.

Die Todesstrafe wurde übrigens erstmals 1849 vom Nationalparlament in der Frankfurter Paulskirche abgeschafft, ebenso wie Brandmarkung, Pranger und körperliche Züchtigung. Nach dem Scheitern der Märzrevolution reaktivierte das Großherzogtum Hessen die Todesstrafe im Jahr 1852.

✎   Auch sehenswert in Hopfmannsfeld sind die Brüstungsmalereien in der hübschen Dorfkirche (Szenen aus dem Leben Jesu), die mit prächtigen Schnitzereien versehene Kanzel und der Taufstein von 1614.

EVANGELISCHE KIRCHE /// ECKE LAUTERBACHER STRASSE/
AN DER KIRCHE /// 36369 LAUTERTAL-DIRLAMMEN ///

VERSCHINDELT, VERSCHWUNDEN, VERGESSEN?

Lautertal – Evangelische Kirche in Dirlammen

30

»ANNO DOMINI 1690«, lautet die Inschrift zwischen Tür und Riedesel'schem Wappen. Das älteste erhaltene Gebäude in Dirlammen steht an der tiefsten Stelle des Dorfes, ist an zwei Seiten rot verschindelt und bildet einen fröhlichen Kontrast zu den üblichen Grau- und Beigetönen der Schindelfassaden alter Höfe, Schulen, Rathäuser und Kirchen. Eine derartige Dichte von Fachwerkkirchen wie in Hessen, »konzentriert im Marburger Hinterland und im Vogelsberg«, gebe es in Deutschland kein zweites Mal, berichtet der pensionierte Kriminaldirektor Rainer Schmid. Dem Hobbyforscher gelang es, erstmals alle 50 evangelischen Kirchenbauten aus Holzfachwerk des Unteren und des Hohen Vogelsbergs zu beschreiben. Ihre Baugeschichte beginnt 1521. Damals reiste der blutjunge Marburger Landgraf Philipp »der Großmütige« in Begleitung von 400 Reitern in Rüstung sowie von 200 Adligen und Bediensteten zum Reichstag nach Worms, eine Machtdemonstration des vereinten Hessen. Dort lernt er Martin Luther kennen, begeistert sich für die Reformation; fünf Jahre später führt er den Protestantismus verbindlich für Hessen ein.

Der evangelische Glaube stellt das Wort Gottes und die Predigt in den Mittelpunkt des kirchlichen Lebens, Bescheidenheit statt Prunk ist angesagt. Dieser Schlichtheitsanspruch ermöglichte es der armen bäuerlichen Bevölkerung im waldreichen Vogelsberg, eigene Dorfkirchen in traditioneller Fachwerk- und Lehmbauweise zu errichten. Meist wurde nur die Wetterseite verschindelt. Inzwischen allerdings erscheint es oft zu teuer, schönes altes Holzfachwerk zu sanieren, man verschindelt lieber rundherum. Rainer Schmid kennt viele Beispiele dieser traurigen Entwicklung: »Durchaus möglich, dass diese Sparlogik unsere Fachwerkkirchen vollends zum Verschwinden bringt.« Ein Jammer.

✐   Die größte Fachwerkkirche, nicht nur des Vogelsbergs, sondern von ganz Hessen steht in Stumpertenrod, die kleinste in Rudlos und die vielleicht wertvollste in Eichelsachsen.

TOTENKÖPPEL /// 36369 LAUTERTAL-MEICHES (AUSGESCHILDERT) ///

Der Hügel *Totenköppel* bei Meiches liegt am Wanderweg *Vulkanring Vogelsberg*, der den erloschenen Vulkan auf 125 Kilometern umrundet. Oben angekommen, öffnet sich ein grandioser Rundblick, der sich an klaren Tagen bis zum Sendemast des Rimbergs, zur Amöneburg im Marburger Land, bis Fulda und zur Wasserkuppe der Rhön, ja sogar bis zum Thüringer Wald erstreckt. Der 560 Meter hoch gelegene Platz mit einer Totenkirche, die 1729 auf den Resten einer hochmittelalterlichen Heilig-Kreuz-Kirche gebaut wurde, strahlt eine besondere Aura aus, manche nennen sie mystisch. Schon zur Zeit der Chatten – des germanischen Urstamms der Hessen – soll dies eine heidnische Kultstätte gewesen sein. Während der Christianisierung der Gegend soll der Missionar Bonifatius auf dem Weg von Amöneburg nach Fulda auf dem »Köppel« (hessisches Wort für »Hügel«) gepredigt haben. Und unter dem Lehmputz eines alten Mauerrests der Kirche kam erst kürzlich eine Andachtsmalerei von ungefähr 1275 zum Vorschein, die Christus als Schmerzensmann darstellt, inzwischen ist sie restauriert. Seit vorreformatorischer Zeit bis weit ins 20. Jahrhundert hinein pilgerten Wallfahrer aus dem katholischen Herbstein nach Meiches. Auch evangelische Christen suchten auf dem Berg geistlichen Trost und erhofften sich körperliche Heilung: Dem Regenwasser, das sich draußen im alten Taufstein von 1501 (heute geschützt im Kirchenraum) sammelte, wurden Heilkräfte gegen Augenleiden zugeschrieben.

Seine wichtigste Bedeutung gewinnt dieser außergewöhnliche Ort als einziger noch benutzter Sippenfriedhof Deutschlands, auf dem seit mehr als 1.200 Jahren die Verstorbenen von Meiches beerdigt werden. Jede Grabstätte ist einem bestimmten Haus im Dorf zugeordnet, die sonst üblichen Friedhofsgebühren entfallen für die Eigentümerfamilien.

✍ An den Kirchenmauern lehnen alte Grabsteine mit Bildgeschichten. Am zweiten Pfingstfeiertag, am Ostersonntag und am Abend des vierten Advents finden Gottesdienste auf dem *Totenköppel* statt.

Jetzt im Juli ist die Landschaft wieder mit ihnen verziert, den dekorativen Rundballen aus Stroh (Foto) auf den abgeernteten Getreidefeldern. Ein Mähdrescher mäht und drischt, wie der Name schon sagt, das Getreide und sammelt die Körner in einem Tank. Das Stroh fällt auf den Acker und wird zu Rundballen gepresst, fertig. Wie leicht es heutzutage mit modernen Maschinen ist, diese hellgelben Ungetüme herzustellen. Und im Hofbüro steht natürlich längst ein Computer.

Wenn also bei Storndorf eine »Runkelräuweroppmaschine«, Baujahr 1972, über den Acker tuckert, steht es gleich im *Lauterbacher Anzeiger*, so ungewöhnlich ist das, denn Dickwurzen, also Futterrüben, werden heute nur noch selten angebaut. Landwirt Dr. Peter Hamel aber tut es: Im Oktober erntet er seine Runkelrüben – anstrengende Arbeit für vier Leute auf dem lehmigen, schweren Boden. Die Mühe lohnt: Im Winter laben sich Milchkühe und Schwäbisch-Hällische Schweine an den unzerkleinerten gesunden Leckerbissen. Überhaupt sollen es die Tiere auf dem zertifiziert umweltverträglich arbeitenden Hamel-Hof gut haben. Der promovierte Agrarwissenschaftler Peter Hamel, der den elterlichen Hof 1997 übernahm, ist Gründungsmitglied der Aktion *Zivilcourage Vogelsberg*: Im Rahmen einer Einkaufsgemeinschaft von mehr als 200 Landwirten kauft er gentechnikfreies Tierfutter. Im Übrigen baut der Landwirt elf Kartoffelsorten an und produziert Lein- und Senfsamen, Lein- und Senföl, Senf und »Vogelsberger Reis« (spezielle geschälte Gerste, die wie Reis zubereitet wird). Leinöl ist eines der an Omega-3-Fettsäuren reichsten Lebensmittel. So sieht man den Landwirt nicht nur auf historischen Maschinen fahren, sondern im Juni am zartblauen Flachsfeld stehen und die Leinblüte begutachten.

☞ Rohmilchkäse in *Demeter*-Qualität findet man in der Schwalmtaler Hofkäserei *Melchiorsgrund* (www.melchiorsgrund.de), Bio-Highlander-Fleisch und Bio-Apfelsaft auf dem *Flarup-Hof* (www.flarup-hof.de).

HOF EULER /// HOFWIESENWEG 35 ///
36318 SCHWALMTAL-RAINROD /// WWW.HOF-EULER.DE ///

Ein schöner warmer Tag. Heuwetter. Im August wird das »Grummet«, der zweite Schnitt, eingebracht. Mit einem Schwader (Foto) wird das gemähte Heu »auf Schwad«, also in Reihe gelegt, damit es die Ballenpresse aufnehmen kann, bevor es auf dem Ackerwagen abtransportiert wird. Zwischen Mähen und Schwaden hat es der Landwirt bereits mehrmals gewendet, damit das Heu gut durchtrocknet. Mähmaschine, Heuwender, Schwader, Ballenpresse, Ackerwagen, nicht zu vergessen der Traktor – sechs landwirtschaftliche Geräte nur für das Heu!

Das Heu dient dem Milchvieh als Winterfutter. Wer die beim Verbraucher beliebte »Weidemilch« verkaufen möchte, muss sein Vieh mindestens fünf Monate im Jahr mindestens acht Stunden am Tag auf die Weide lassen. Das kann nicht jeder Milchviehbetrieb leisten, geschweige denn für eine Biozertifizierung auch noch das Kraftfutter biologisch selbst erzeugen. Dies ist einer der Gründe, weshalb es in Deutschland nur zehn Prozent Biohöfe gibt. Zwischen den Extremen der konventionellen und der biologischen Landwirtschaft suchten daher acht Vogelsberger Hoffamilien für ihre 500 Kühe einen dritten Weg. Sie fanden ihn – als bislang einzige hessische Betriebe – bei der bayerischen Milchvermarktungsfirma *Sternenfair*. Nicht rein bio, aber fast, regional, tiergerecht und mit Festpreisen für die Erzeuger – eine Win-win-Situation. Man verzichtet auf maximale Milchleistung und geht achtsam mit den Kühen um, auf dass diese gesund und lange leben. Die Tiere bekommen gentechnikfreies Futter, überwiegend von hofnahen Wiesen und Feldern.

Familie Euler aus Rainrod hält nicht nur *Sternenfair*-Milchvieh, sondern züchtet auch alte Tierrassen, die Besucher bestaunen dürfen: Deutsche Schwarzbunte Niederungsrinder, Pommernenten, Lippegänse, Meißner Widder (Kaninchen), Ostfriesische Möwen (Hühner).

🐾 Die anderen beteiligten Hoffamilien betreiben in Grebenhain, Sickendorf, Wallenrod, Hergersdorf, Storndorf, Strebendorf und Kaulstoß Milchwirtschaft (Namen unter www.sternenfair.de).

SEHENSWERT IN HEBLOS IST DIE EVANGELISCHE KIRCHE ///
ECKE BRÜCKENSTRASSE/ZUM HUNGERBERG ///
36341 LAUTERBACH-HEBLOS /// WWW.EV-KIRCHE-LAUTERBACH.DE ///

Ihre hübsche Fachwerkkirche bauten die Hebloser »Linsenbauern«, die sich außer von Milch- und Viehwirtschaft auch von Hülsenfrüchten ernährten, 1711 in die Dorfmitte. Der sehenswerte Innenraum enthält eine reich verzierte Barockkanzel und Brüstungsmalereien biblischer Figuren. Heute zerschneidet eine breite Durchfahrtsstraße den Ortskern, der einige Höfe weichen mussten. Von ihrer günstigen Lage am Weg zwischen den Klöstern Fulda und Amöneburg profitierten die Hebloser bereits vor 1.200 Jahren. Nahe der Kirche entstand 1890 in der Brückenstraße 7 das Schulhaus von Heblos. Mein Urgroßvater Johannes Greb unterrichtete dort bis in die 1920er-Jahre etwa 50 Kinder in einer Einraumklasse. Vogelsberger Lehrer lebten damals in äußerst bescheidenen Verhältnissen, wie die Hessische Schulstatistik berichtet. Das staatliche Salär war überschaubar, Heizmaterial brachten die Jungen und Mädchen zum Unterricht mit. Üblicherweise betrieb die Lehrersfamilie eine kleine Landwirtschaft zur Selbstversorgung, und in der Wohnung über dem Schulsaal herrschten »sehr verzweifelte Zustände für jeden verheirateten Lehrer durch Wassermangel«. Nebenbei betätigten sich Schulmeister häufig als Schriftführer und Küster, spielten Orgel und lasen Gottesdienste in Abwesenheit des Pfarrers. Manche warteten sogar die Uhren und Glocken der Gemeinde.

Um 1911 stellte sich im Hebloser Lehrerhaushalt ein schmucker junger Mann vor, der seinerseits im neuen Schulhaus von Sickendorf lehrte. Immer häufiger wanderte Konrad ins Nachbardorf, spielte mit der Greb-Tochter Ottilie vierhändig Klavier und verlobte sich bald schon mit der hauswirtschaftlich ausgebildeten jungen Frau, meiner späteren Großmutter. 1913 heiratete das Paar in der Hebloser Kirche und zog nach Hopfmannsfeld ins nächste Vogelsberger Schulhaus.

✍ Kutsch- und Planwagenfahrten bieten die Hebloser Landwirtsfamilie Dechert (www.dechert-kutschfahrten.de) und der *Fahrstall Schmelz* (www.fahrstall-schmelz.de).

ANTIK- UND SPEZIALMARKT SCHLOSS SICKENDORF ///
HOFSTRASSE 14 /// 36341 LAUTERBACH-SICKENDORF ///
WWW.SCHLOSSSICKENDORF.DE ///

Im Sommer findet an sieben Sonntagen im Sickendorfer Schlosspark ein weit über Hessens Grenzen bekannter Antikmarkt statt, bei dem Vintage-Möbel, Trödel aus Omas Zeiten und wertvolle Antiquitäten den Besitzer wechseln. Die wenigsten Besucher kennen die Lebensgeschichte der einstigen Schlossherrin Gertrud Willich, genannt von Pöllnitz, verwitwete Baronin Riedesel, Freifrau zu Eisenbach, geborene Münchmeyer. Die Hamburger Bankierstochter lebte mit ihren zwei Ehemännern mehr als sieben Jahrzehnte bis zu ihrem Tod 1966 im Sickendorfer Schloss, das Albrecht Riedesel mit prächtiger historistischer Innenausstattung versehen hatte. Es liegt inmitten eines englischen Landschaftsparks der berühmten Gartenarchitekten Siesmayer. Die Freifrau und spätere Baronin Gertrud verfügte über ein ausgeprägtes soziales Verantwortungsgefühl und sicheres Stilempfinden für Architektur und Design: Sie ließ Wohnhäuser für Guts- und Erntearbeiter bauen, Gästehaus, Reithalle, Pferdestall, Schulhaus mit Lehrerwohnung und richtete einen Kindergarten ein. Ihre Weihnachtsbescherungen waren legendär. Während des Ersten Weltkriegs verwandelte sie die Reithalle in ein modern ausgestattetes Lazarett, das 634 Verletzte aufnahm, die mit den landwirtschaftlichen Produkten des Gutshofes ernährt wurden. Im Zweiten Weltkrieg beherbergte sie Großstadtflüchtlinge. All das trotz eines großen persönlichen Kummers: Sechs Riedesel-Söhnen schenkte sie das Leben, alle starben vor ihr, ein Albtraum. Drei verlor sie im Kleinkindalter, Hans-Konrad verunglückte 1931 bei einem Verkehrsunfall, Joachim starb 1937 im belgischen Ostende bei einem Flugzeugabsturz. Ihr Jüngster, Wolfgang, kam im Januar 1945 auf dem Russlandfeldzug um. Die Sickendorfer Riedesel-Linie verebbte damit, das Schloss wurde mehrfach verkauft.

✍ Neben dem Schlosspark erstreckt sich der *Golfpark Schlossgut Sickendorf* mit dem *Restaurant Gutshof* und Biergarten.

HEIDBERGKAPELLE /// UNTER DEN EICHEN 3 ///
36341 LAUTERBACH-SICKENDORF ///

Das malerisch gelegene Sickendorf, Teil der Stadt Lauterbach, wurde erstmals im 15. Jahrhundert als Lehnshof der ritterschaftlichen Familie Riedesel erwähnt. Das waren die späteren Freiherren zu Eisenbach und hessischen Erbmarschälle. Die Landarbeiter des Gutshofes ließen sich mit ihren Familien in Untersickendorf nieder. In Obersickendorf entwickelte sich nach dem Dreißigjährigen Krieg eine Siedlung mit Bauernhöfen, Handwerkern, Gastwirtschaften, einer Schnapsbrennerei und Riedesel'schen Wohnhäusern für Gutsleute. Sonntags wanderte man auf dem Kirchenweg ins benachbarte Allmenrod, dort heiratete man, ließ die Kinder taufen und konfirmieren. Es gab keine Dorfkirche und bis 1905 keine eigene Schule. Ein Herrenhaus, Vorläufer des heutigen Schlosses, bauten die Riedesels erst im 18. Jahrhundert.

1916, mitten im Krieg, ließ die soeben verwitwete Baronin auf dem felsigen Heidberg über dem Dorf eine prächtig ausgestaltete Gedächtniskapelle bauen, die jedoch für ein halbes Jahrhundert in einen Dornröschenschlaf fiel und dadurch – zur Freude der hessischen Landesdenkmalschützer – im Originalzustand erhalten blieb. Wenige Dorfbewohner durften je die »inneren Werte« dieses einsam gelegenen Kulturdenkmals betrachten. Im August 1966 aber, kurz vor ihrem Tod, gestattete die Baronin einer bürgerlichen Familie, ihr Neugeborenes in der Riedesel'schen Kapelle taufen zu lassen (übrigens mein Bruder). 1967 fand die erste Trauung auf dem Heidberg statt, und von da an diente das Gebäude als Gemeindekirche. 1976 zog die alte Schulglocke in die Kapelle um und bimmelt seitdem die Gläubigen herbei. Erst 2016 erwarb die evangelische Gemeinde das 100 Jahre alte Gebäude zu einem symbolischen Preis von einem Euro. So kamen die Sickendorfer zu einer eigenen Dorfkirche.

✍ Jeweils am zweiten Sonntag des Monats kann im Rahmen von Gottesdiensten die luxuriöse Innengestaltung der Kapelle betrachtet werden.

DIESEN ACKERWAGEN MIT KARTOFFELN — HAUPTZUTAT FÜR EIN »BEULCHES«-GERICHT — FOTOGRAFIERTE DIE AUTORIN IM FREILICHTMUSEUM HESSENPARK (WWW.HESSENPARK.DE).

GASTSTÄTTE ROTH UND JOST /// FRISCHBÖRNER STRASSE 2 /// 36341 LAUTERBACH-SICKENDORF /// 0 66 41 / 21 09 ///

In der *Gaststätte Roth und Jost* in Sickendorf, kurz »bei Roths«, gibt sich im Winterhalbjahr halb Mittelhessen die Klinke in die Hand. Vereine, Parteigruppen, Stammtische, Familien, Jubilare, Belegschaften – von weit her kommen sie angereist, alle wollen dasselbe: »Vogelsberger Beulches« (auch: »Beutelches«) essen. Meist herrscht Hochbetrieb, obwohl Christina Jost, geborene Roth, die ihre Gaststätte als Familienbetrieb in vierter Generation betreibt, nicht mal über einen Internetanschluss verfügt. Wer einen Termin ausmachen möchte, muss ganz altmodisch auf dem Festnetz anrufen. Das Geschäft blüht dank Mund-zu-Mund-Propaganda.

Christinas Urgroßeltern gründeten das Wirtshaus 1904 als Ausschank von Flaschenbier. Seitdem hat sich viel verändert – nur noch wenige Dorfbewohner gehen abends ein Bier trinken, sonntagmittags kommen vielleicht mal Auswärtige zum Essen, davon allein kann sich ein Landgasthaus heutzutage kaum über Wasser halten. Es war Hans-Jürgen Jost, der das Vogelsberger »Nationalgericht« als Geschäftsidee sozusagen mit in die Ehe brachte. Das Kartoffelgericht kommt nur in Monaten mit »r« auf den Tisch. Man muss es vorbestellen, denn auf der Speisekarte steht das einstige Arme-Leute-Essen nicht, der Zubereitungsaufwand ist beträchtlich, und »bei uns ist alles frisch«. Verwendet werden Kartoffeln der alten Sorte *Granola* vom eigenen Acker. Auch die Portions-Leinensäckchen, in die eine Masse aus rohen Kartoffeln, gepökeltem Schweinefleisch, Lauch und Gewürzen abgefüllt und gekocht wird, sind selbstgenäht. Kloßpulver oder ähnliche Tricks kommen der Gastwirtin nicht in die Küche. »Früher hat man noch etwas Blutwurst zugegeben, aber bei 200 Gramm Fleisch ist die Portion üppig und schmackhaft«, meint sie. Offenbar, denn wenn's »Beutelches« gibt, ist die Bude voll.

✍ Mehr als 100 Direktvermarkter von Regionalprodukten – Kartoffeln, Wurst, Schinken, Fleisch, Eier, Kürbis, Honig, Käse, Mett, sogar Wachteln – findet man unter www.vogelsberger-entdeckungen.de.

DAS ALTE SPRITZENHAUS BEFINDET SICH IN DER TALSTRASSE 13 A,
AN DER ECKE ZUR BÜRGERMEISTER-KARL-ZINN-STRASSE ///
36341 LAUTERBACH-ALLMENROD ///

Lauterbach – Dorf Allmenrod

Der kleine Holzbau des alten Spritzenhauses (Remise der Feuerwehr) mit dem schlichten biberschwanzgedeckten Schlauchturm am Ortseingang von Allmenrod ersetzte 1933 ein (welch Ironie) abgebranntes Gebäude. Mittlerweile empfängt es als freundliches Kulturdenkmal die sich auf dem Sträßchen vom Sickendorfer Heidberg nähernden Reiter, Radler, Spaziergänger, Autofahrer. Die Freiwillige Feuerwehr ist der älteste Verein des Dorfes mit einer Satzung von 1898 und gehört inzwischen zum Löschzug 5 Lauterbach-West. Das Vereinsleben blüht noch überall im ländlichen Vogelsberg – auch wenn man inzwischen zum Posaunenchor oder Angelverein ein paar Kilometer in den nächsten Ort fahren muss.

Allmenrod hat heute etwa gleich viele Einwohner wie 1834, zu Beginn der statistischen Bestandsaufnahme, nur gibt es vermutlich heute so viele Alte wie damals Kinder. Tatsächlich ziehen die jungen Leute weg. Zahlen zeichnen ein deutliches Bild: Der Vogelsbergkreis ist der drittgrößte Landkreis Hessens mit dünnster Besiedlung, hier leben 107.000 Menschen in 186 Ortsteilen von 19 Großgemeinden, statistisch 76 Personen pro Quadratkilometer. Im Ballungsraum Frankfurt wohnen 2,3 Millionen Menschen, fast 3.000 Einwohner pro Quadratkilometer. Immerhin gibt es in jedem zweiten Dorf noch ein Gasthaus, wozu der Tourismus vermutlich beiträgt. In Allmenrod teilen sich 44 Personen einen Quadratkilometer Fläche.

Es ist eine alte Kulturlandschaft, rund um das Dorf findet man noch Hügelgräber aus der Bronzezeit. Das Geotop Thorkuppe verweist auf eine altgermanische Thingstätte, ein Versammlungsplatz. So mancher Flurname erinnert an Wüstungen – aufgegebene Siedlungen, Weiler oder Einzelgehöfte aus dem Mittelalter und der frühen Neuzeit. Neun Wüstungen. Nichts bleibt, wie es war, damals wie heute.

✍ Die Internetplattform www.vogelsberg.de informiert und unterhält mit aktuellen Nachrichten, Freizeittipps und vielen Fotos alle Vogelsberg-Fans und solche, die es noch werden könnten.

STROLCHDENKMAL /// SCHRITTSTEINE ÜBER DIE LAUTER ///
AM SEE/HÖHE LÖBERSGASSE /// 36341 LAUTERBACH ///

WEITERE INFORMATIONEN ERTEILT DAS TOURIST-CENTER
STADTMÜHLE /// MARKTPLATZ 1 /// 36341 LAUTERBACH ///
0 66 41 / 18 41 12 /// WWW.LAUTERBACH-HESSEN.DE ///

»In Lauterbach hab ich mein Strumpf verlorn, und ohne Strumpf geh ich net haam ...«, so geht das alte Volkslied aus der romantisierten Handwerksburschenzeit. Es basiert auf der Legende von einem Gesellen, der sich, nach winterlichen Schäferstündchen mit der Meisterin, im Frühling wieder auf die Walz begibt. Das Motiv des *Lauterbacher Strolchs*, des nackten Jungen mit Botanisiertrommel, rotem Regenschirm und nur einem Strumpf am Fuß, mit dem seit 1905 für den ersten deutschen Camembert geworben wurde, hat damit nur noch entfernt zu tun. Das tut seiner Bekanntheit aber keinen Abbruch. Im Stadtgebiet begegnet man dem *Strolch* zweimal: Im Flüsschen Lauter steht eine Bronzefigur neben den Schrittsteinen; und vor der Alten Stadtmühle, in der die Touristeninformation untergebracht ist, ziert eine etwas abstraktere Skulptur des Bildhauers Knud Knudsen den *Strumpfbrunnen*. Es gibt in Lauterbach jedoch Stimmen, die dazu auffordern, den Jungen als Werbeträger der Stadt in Pension zu schicken – sein Image sei veraltet.

Die erste »Strolchkarte« hatte der Malermeister Julius Siemsen gezeichnet und koloriert, später gab es mehrere neue Umsetzungen, auch von arrivierten Künstlern wie dem hessischen Grimm-Märchen-Maler Otto Ubbelohde und der Zeichnerin von humorvollen Kinderbildern Berta Hummel. Das Motiv auf der runden, von der Lauterbacher Verpackungsfirma *Stabernack* jahrzehntelang hergestellten Käseschachtel erlebte einen fantastischen Marketingerfolg und diente der Stadt Lauterbach als glückbringendes Maskottchen. Später wechselte der Weichkäse mehrfach den Molkereihersteller, verlor seine Lauterbacher Identität und überlebt jetzt als *Der kleine Strolch – Original seit 1887.* Alles Käse!

🖎 Seit 400 Jahren verkauft die *Töpferei Bauer* in Lauterbach handgefertigte Produkte. Der Familienbetrieb in 14. Generation ist die älteste und größte Töpferproduktion Hessens (www.toepferei-bauer.de).

FACHWERKGASSE /// AM GRABEN /// 36341 LAUTERBACH ///

SCHLAU GEBAUT MIT EICHE, WEIDE UND LEHM

Lauterbach – Fachwerkgasse Am Graben

Die schmalen Handwerkerhäuser in der Lauterbacher Altstadt-Stra-
ße Am Graben entstanden zwischen 1600 und 1800. Das Verzeich-
nis des *Landesamtes für Denkmalpflege Hessen* listet allein für diese
Wohngasse 39 Einzelkulturdenkmäler auf, darunter das ehemalige
Armenhaus (Nummer 88) und die Spittelsmühle (Nummer 50), die
als »Mölen bei dem Spittal« 1574 in den städtischen Annalen aufge-
führt ist. In einem dieser Gebäude soll der bedeutende Fachwerkzim-
mermann Hans Muth gewohnt haben, der unter anderem die Teufelsmühle in Ilbeshausen errichtete.

Der waldreiche Vogelsberg hatte genügend Holzreserven – wie-
so baute man eigentlich keine Vollholzhäuser wie in anderen ländlichen Gegenden, zum Beispiel im Bayerischen Wald oder im Ober-
allgäu? Das mag erstens daran liegen, dass ursprünglich Laubwälder
mit Hainbuchen, Bergahornen, Eschen und Eichen im Oberwald auf
dem Plateau des Vulkankegels wuchsen, von denen nur die Eiche
taugliches Material für Außenkonstruktionen lieferte. Zweitens hatten die Siedler großflächig gerodet, eine Urbarmachung, die noch in
den zahlreichen Ortsnamen mit der Endung »-rod« aufscheint. Solche Flächen wurden in jüngerer Zeit oft mit Fichten, Lärchen und
anderen Nadelhölzern, die sich eher zum Bau eignen, aufgeforstet.

Das Gerüst von Fachwerkhäusern besteht aus Eichenbalken
und Weidenflechtwerk. Das Gefache wird mit Lehm aufgefüllt und
häufig zusätzlich mit Holzschindeln abgedichtet. Wer mit solchen
Baustoffen arbeitet, erhält atmungsaktive, gegen Kälte und Hitze
nachhaltig gedämmte Häuser. Ökologischer und gesundheitsfreund-
licher geht es kaum. Leider entschieden sich spätere Generationen
oft für Verkleidungen aus Kunststoff oder Eternit, verschandelten die
hessischen Dörfer visuell-ästhetisch und nahmen so ihrem eigenen
Lebensraum die Luft zum Atmen.

☞ Die Besitzer der Gaststätte *Am Ankerturm* erhalten ihre urige
Wirtsstube ungefähr auf dem Stand von 1905. Hier kocht der
Wirt noch selbst, und am Stammtisch wird jährlich ein »Bier-
könig« gekürt (www.ankerturm.de).

HOHHAUS-MUSEUM LAUTERBACH /// EISENBACHER TOR 1–3 ///
36341 LAUTERBACH /// 0 66 41 / 24 02 /// WWW.HOHHAUS.DE ///

GLANZ UND GLORIA IM ROKOKOPALAIS
Lauterbach – Hohhaus-Museum

41

Das barocke dreiflügelige *Stadtpalais Hohhaus*, in den 1770er-Jahren durch Georg Friedrich Riedesel, Freiherr zu Eisenbach und General in österreichischen Diensten, als Sommersitz gebaut, ist ein für die ländliche Region ungewöhnlich repräsentativer Bau. Und doch orientierten sich die Architekten an praktischen Gesichtspunkten des Wohnkomforts. Beispielsweise ist der glanzvolle Rokokosaal in der Beletage – liebevoll restauriert mit malachitgrüner Bemalung auf gelber Grundfarbe – nach vorn zum Hof ausgerichtet statt wie in vergleichbaren Bauten jener Zeit zur Gartenseite. Dadurch fiel die Treppenanlage bescheidener aus als üblich. Die Öfen aus der Hirzenhainer Eisengießerei konnten von verborgenen Personaldielen und -treppen aus beheizt werden, sodass die Herrschaft nicht gestört werden musste.

Bis 1904 wohnten Mitglieder der Familie Riedesel in dem Schlösschen am Eisenbacher Tor, frontal zur Obergasse. Seit 1931 beherbergt es das *Hohhaus-Museum* zur Lauterbacher Stadtgeschichte. Sein wertvollster Besitz ist ein um 1480 errichteter gotischer Marienaltar. Viel gibt es zu entdecken: handbemalte chinesische Tapeten, Silbermünzen der Burg Wartenberg, Töpferwaren, geschnitzte Möbel, Steinzeitobjekte, handgeschmiedete Schlösser und Türgriffe, eine Waffensammlung. Zum Bestand zählt auch eine Kunstausstellung mit Bildern des Landschaftsmalers Fritz Ebel. Ein gesonderter Raum erinnert mit Gemälden, Radierungen und Bleistiftzeichnungen an den Maler Ernst Eimer aus Groß-Eichen, gestiftet von den Lauterbachern Karl und Berta Wienold. Das in den 1980er-Jahren verstorbene Ehepaar hatte Eimers Werk bewundert und gesammelt, weil darin »das Wesen der schwer um ihr tägliches Brot ringenden Vogelsberger, die noch herkömmlich in der Tradition leben« erfasst sei.

🎁 Ausgefallene Wohn-Accessoires, Geschenkartikel, Karten und Bastelmaterial führt der Kreativladen *ZinnoberRot* in Museumsnähe (Obergasse 29, www.zinnoberrot.net).

Der Höhepunkt des größten oberhessischen Volksfestes *Lauterbacher Prämienmarkt* ist die Tierleistungsschau am Mittwoch vor Fronleichnam. An diesem Tag ist alles auf den Beinen. Wer halbwegs gut zu Fuß ist, schlendert über den Krämermarkt, der mit 400 Ständen die gesamte, für den Straßenverkehr gesperrte, Innenstadt überzieht, zum Viehmarkt an der Bleiche. Züchter führen Pferde, Schafe, Ziegen, Rinder, Kaninchen und Geflügel vor. Am meisten Zulauf findet der »Schätzbulle«, dessen Gewicht Thema eines beliebten Gewinnspiels ist. Da können Amateure schon ins Grübeln kommen. Der stattliche Limousin-Rinder-Bulle Ferdinand zum Beispiel wog mit anderthalb Jahren 820 Kilo, ein Jahr später 967 und ausgewachsen 1.400 Kilo. Wenn die Rinder vor die Augen des Preisrichters kommen, sind sie geschoren, mit Wasser abgespritzt und herausgeputzt; manchen wurde das Fell mit speziellem Shampoo eingeschäumt, damit es schön glänzt. Viele Zuschauer warten auf die Pferdevorführung. Die starken, schwerfälligen Kaltblüter braucht man gelegentlich noch zum Holzrücken im Wald, meist aber, wie Warmblüter, als Reitpferde oder für Kutschengespanne. Allerdings sind heute Kleinpferde angesagter – Haflinger, Shetlandponys, Fjordstuten. Im Zelt der Geflügelzüchter geht es hoch her: Majestätisch staksen dort Perlhühner, Bartzwerge, Araucanas, aber auch Kampfgänse herum.

Den Prämienmarkt soll es seit 1266 geben, als Lauterbach die Stadtrechte erhielt, gesichert seit dem einschneidenden Jahr 1684, als es den Freiherren von Riedesel gelang, Lauterbach als Lehen zurückzubekommen. Ab da erlebte der Ort eine Blütezeit, man baute ein Rathaus, eine Lateinschule, schöne Bürgerhäuser, verbesserte den Leinenhandel, und die Vorstädte wurden rasch bevölkert.

✍ Der Wochenmarkt findet donnerstags auf dem Marktplatz statt. Weiterhin gibt es Frühlingsmarkt (März), *Sockenfest* (September), Herbst- und Kunsthandwerkermarkt (November) sowie Weihnachtsmarkt.

IN DER VERLÄNGERUNG DES HERBSTEINER WEGS IN FRISCHBORN
GELANGT MAN AUF FELDWEGE ZWISCHEN ÄCKER MIT BLÜHSTREIFEN.

WEITERE INFORMATIONEN ERTEILT DAS NATURSCHUTZGROSSPROJEKT
VOGELSBERG /// ADOLF-SPIESS-STRASSE 34 ///
36341 LAUTERBACH /// 0 66 41 / 9 77 35 33 ///
WWW.NATURSCHUTZGROSSPROJEKT-VOGELSBERG.DE ///

Auf einer kleinen Bergkuppe südlich von Frischborn, von der aus man zum Schloss Eisenbach hinüberschauen kann, zieht sich ein breiter Blühstreifen mit nektartragenden Wiesenblumen zwischen Feld und Weg entlang. Das erfreut Spaziergänger, Wanderer und Reiter in dieser Gegend. In Anbetracht abnehmender Bienenpopulationen auch im Vogelsberg bieten die mit Wildkräutern eingesäten Ackerränder Bienen und Hummeln Nahrung. Kleine Säugetiere finden ebenfalls Schutz unter der Pflanzenhaube, Wildtiere einen Brut- und Deckungsraum und Insekten aller Art einen Lebensraum. Die Blumensaison ist lang, die Blütezeit beginnt etwa sechs Wochen nach der Aussaat im April und reicht bis zum ersten Frost. Am üppigsten können Bienen sich bis Juni während der Rapsblüte laben, dann sind die fetten Wochen vorbei, und ganz karg sieht es nach der Ernte im Spätsommer aus. Verblühte Blumen verwertet die Natur auch, dann picken Vögel die Samen auf. Da Bienen und Hummeln wichtige Bestäuber für Obst- und Gemüsepflanzen sind, profitieren die Landwirte selbst von diesen Blühstreifen. Allerdings kostet es zusätzliche Arbeit und Geld, diese anzulegen, und bringt keinen direkten Ertrag. Deshalb förderte die *Naturland-Stiftung Vogelsberg* mit Saatgutspenden die ersten Initiativen rund um Schloss Eisenbach und in den Dörfern Frischborn, Allmenrod, Reuters und Groß-Eichen. Bauern- und Imkerverbände erreichten mit einer gezielten Aktion, dass in Hessen 350 Blühstreifen neben landwirtschaftlichen Kulturen eingesät wurden. Es geht dabei auch um Biodiversität – Vielfalt der Ökosysteme. Übrigens schließen sich mittlerweile auch Gartenbesitzer diesen Zielen an, erwerben Bienenweiden-Mischungen und sähen ein Stück Rasen damit ein. Ein Kilogramm reicht für 150 bis 200 Quadratmeter.

✍ Über die denkmalgeschützte ehemalige Frischborner Eisenbahnbrücke aus Basaltsteinen verläuft der *Vulkanradweg*. In diesem Dorf gibt es noch eine Landmetzgerei mit Schinken nach alten Familienrezepten (www.metzgerei-hahn.com).

RITTERBURG IM RIEDESEL'SCHEN JUNKERLAND

Lauterbach – Schloss Eisenbach bei Frischborn

Es war meine erste Burg. Mit acht Jahren betrat ich, den Wanderstock in der Hand, mit meinem Vater die Brücke über den Burggraben und staunte. Schloss Eisenbach liegt auf einem Basaltplateau inmitten eines englischen Landschaftsparks oberhalb des Eisenbaches. Die imposante mittelalterliche Burganlage – mit barocker Schlosskirche und Renaissancebauten zum Schloss erhoben – wird gelegentlich als »hessische Wartburg« tituliert. Der seit 1217 nachgewiesene Stammsitz der Herren von Eisenbach fiel nach deren Aussterben 1429 an die Familie Riedesel, Erbmarschälle von Hessen, Freiherren seit 1680, die der fränkischen Ritterschaft angehörten. Das Riedesel'sche Junkerland war das politische Zentrum des östlichen Vogelsbergs – nicht immer schön für die Untertanen. Denn die Riedesels zu Eisenbach lieferten sich blutige Fehden mit der Abtei Fulda um die Lehnsherrschaft, in denen weite Landstriche verwüstet wurden. Diese Zeiten sind längst vorbei. Bis heute leben Riedesel-Nachkommen im Schloss, weshalb die Kernburg nur von außen besichtigt werden kann.

Im Jahr 1525 bauten die Brüder Hermann und Theodor Riedesel ein neues Brauhaus. Dies war die Geburtsstunde der erfolgreichen *Freiherrlich Riedeselschen Lauterbacher Burgbrauerei*. Auch in der Lauterbacher Burg braute man fleißig Bier, es gilt als ältester Gerstensaft Hessens. 1842 vereinigten sich diese beiden Riedesel-Brauereien. Zum Bier essen die Lauterbacher gern den traditionellen »Salzekuchen«, der aus Brotteig, Zwiebeln, Speck, Kartoffeln, Quark, Eiern, Milch, Salz und Kümmel gebacken wird. Auch im beliebten Ausflugslokal *Burg Post* auf Schloss Eisenbach, wo man herzhaft und günstig essen kann, wird Lauterbacher Bier gezapft. An sonnigen Nachmittagen und lauschigen Sommerabenden sitzt man draußen und genießt den Blick ins Tal.

    In der barocken Schlosskirche, Nachfolgerin einer gotischen Kapelle, von der einige Fresken im Altarwandsockel erhalten sind, finden an Sommersonntagen nachmittags »Geistliche Besinnungen« statt.

ARCHE NOAH, KATHOLISCH
Herbstein – Bibelpark im Kolping-Feriendorf

45

Das Goldene Kalb blickt stoisch glänzend von einem Baumstamm herab. Vor der Arche Noah reckt eine Schildkröte Kopf und Pfoten aus dem Panzer, offensichtlich hat sie es eilig, auf das Rettungsschiff zu kommen. Moses verliest die Zehn Gebote. Der Turmbau zu Babel erreicht fast zehn Meter Höhe. Die Himmelsleiter will ebenfalls hoch hinaus. Das am Waldrand gelegene *Kolping-Feriendorf* im staatlich anerkannten Heilbad Herbstein will ein Ort der Einkehr, der Kreativität, der Besinnlichkeit und Erholung sein. Hier machten sich Bundeswehrsoldaten, die ihre Erlebnisse im Afghanistaneinsatz verarbeiten mussten, ans Werk und bauten mit Unterstützung eines Herbsteiner Zimmermeisters die Arche Noah aus Holz. Eine Idee war geboren, im Verlauf von Jahren entstanden nach und nach weitere Installationen nach alttestamentarischen Motiven. Das *Kolping-Feriendorf Herbstein*, in dem bis zu 150 Personen in 33 Bungalows unterkommen können, ist eine große Ferien- und Tagungsanlage mit Töpferwerkstatt, Kreativateliers und Kirche. Herbstein, jahrhundertelang Teil des Klosters, der Abtei und des Fürstbistums Fulda, seit 1821 der Diözese Mainz zugehörig, ist eine katholische Enklave innerhalb des evangelisch-lutherischen Vogelsbergs.

Das hier zwischen Vulkangestein aus der Tiefe hervorsprudelnde mineralische Thermalwasser – Hessens höchst gelegene Heilquelle – enthält Natrium, Magnesium, Calcium, Sulfat, Fluorid und Hydrogencarbonat. Es wirkt als Trink- oder Badekur gesundheitsfördernd auf Magen, Leber, Galle, Darm, Knochen, Zähne und Muskeln. Das Wasser der Vulkan-Therme ist auf 32,6 Grad Celsius temperiert, die Vulkan-Sauna-Anlage nebenan umfasst Dampfbad, finnische Sauna und Biosauna mit Duft- und Aromatherapie.

✍ Die *Deutsche Märchenstraße* führt durch Herbstein (www.deutsche-maerchenstrasse.com). Die *Deutsche Alleenstraße* säumt Herbstein, Lauterbach, Gedern und Büdingen (www.alleenstrasse.com).

ÖFFENTLICH ZUGÄNGLICH IST DER VON DER GEMEINSCHAFT
ALTENSCHLIRF GEPFLEGTE PARK VON SCHLOSS STOCKHAUSEN ///
MÜSER STRASSE 1 /// 36358 HERBSTEIN-STOCKHAUSEN ///
0 66 47 / 9 60 60 /// WWW.GEMEINSCHAFT-ALTENSCHLIRF.DE ///

100 METER ENTFERNT, AUF DER ECKE MÜSER STRASSE/WELZGASSE,
BEFINDET SICH DAS TEGUT-LÄDCHEN.

SCHLOSSBEWOHNER SCHUFEN TANTE-EMMA-LADEN

Herbstein – Dorf Stockhausen

46

Im inmitten hügeliger Wiesen idyllisch in einer Talmulde gelegenen Dorf Stockhausen leben etwa 800 Menschen. Vor einigen Jahren schloss der einzige kleine Supermarkt seine Pforten, einen Bäcker gab es auch nicht. Rettung kam aus dem Schloss Stockhausen von der *Gemeinschaft Altenschlirf*, einer anthroposophischen Einrichtung für Heil- und Sozialtherapie. Sie unterhält seit den 1980er-Jahren in den Herbsteiner Dörfern Altenschlirf, Schlechtenwegen und Stockhausen Wohngruppen und Werkstätten für Menschen mit und ohne Hilfebedarf. Mittlerweile leben hier 340 Personen in 16 Hausgemeinschaften, unter anderem in den drei Flügeln und dem Gutshof des einstigen Riedesel-Schlosses in Stockhausen. Eine Arbeitsgruppe kümmert sich um die Pflege des großen, terrassierten Schlossparks, der öffentlich zugänglich ist. In einer Kooperation mit der Fuldaer Marktkette *tegut* sichert die Gemeinschaft nun mit einem modernen Tante-Emma-Laden, in dem Biolebensmittel und regionale Produkte wie Honig oder Bauernbrot zu finden sind, die Nahversorgung der Dorfbevölkerung. Die ganze Region östlicher Vogelsberg profitiert von den schönen und nützlichen Erzeugnissen der verschiedenen Werkstätten dieser Lebensgemeinschaft. Es gibt eine Gärtnerei mit Hofladen, die *Demeter*-Gemüse und -Obst verkauft. Eine Wollwerkstatt produziert Knüpf- und Webteppiche. In der Brennholzwerkstatt sägen, spalten und stapeln 16 Leute Heizmaterial. In Altenschlirf sind weitere Werkstätten mit den Arbeitsschwerpunkten Holz, Kerzen, Käse, Hofladen, Bäckerei, Café, Landwirtschaft und Landschaftspflege tätig.

Stockhausen hat in sozialer Hinsicht eine lange Tradition: Als ersten Kindergarten im Großherzogtum Hessen stiftete und gründete Dorothea Riedesel Freifräulein zu Eisenbach 1841 die »Kleinkindschule« Stockhausen.

🖉 Anderthalb Kilometer nordwestlich von Stockhausen, kurz vor der Abzweigung nach Rudlos, steht links am Feldrand eine 300-jährige, 24 Meter hohe monumentale Stieleiche (www.monumentale-eichen.de).

STRASSENSZENE DER 1950ER-JAHRE. IN ANGERSBACH
WIRD NOCH GEBACKEN WIE ANNO DAZUMAL.

BAUERNBROTBÄCKEREI ARNOLD HERBER UND VOGELSBERGER
BAUERNBROTBÄCKEREI LIND /// LAUTERBACHER STRASSE 17 UND 24 ///
36367 WARTENBERG-ANGERSBACH ///

Als Georg Eurich dieses Foto in den 1950er-Jahren in Angersbach aufnahm, gab es noch keine Social Media. Obwohl die Arbeitstage länger, die Familien kinderreicher waren und die »Freizeit« sonntags stattfand, hatte man Muße für ein Schwätzchen. Gelegenheit dazu gab es nicht nur auf der Dorfstraße, sondern auch im gemeinschaftlichen Backhaus. Auf dem Land war man Selbstversorger, das Bäckerhandwerk entwickelte sich in den Städten, wo sich auch spezialisierte Zünfte bildeten – Schwarzbäcker und Weißbäcker. Die Landbevölkerung aß grobes, dunkles Brot.

»Ich fahre über Angersbach«, sagte meine Mutter meistens, wenn sie im Vogelsberg Freunde besuchte. In Angersbach, heute Teil der Gemeinde Wartenberg, kaufte sie leckeres Sauerteigbrot ein, das im Holzofen gebacken wurde. Meine Familie hatte lange in Frankreich gelebt, war des Weißbrots überdrüssig. Das Brot konnte gar nicht deftig genug sein, und wenn die Mutter mit Angersbacher Brot nach Hause kam, fielen wir abends darüber her. »Deutsche Brotkultur« wurde von der UNESCO auch deshalb ins Weltkulturerbe aufgenommen, weil es als »Abendbrot«, »Brotzeit« und bei geselligen Anlässen einen »hohen Stellenwert im sozialen Austausch von Familien und Gruppen« hat. In Angersbach firmieren heute noch zwei Läden als »Bauernbrotbäckerei«, beide in der Lauterbacher Straße. Doch was ist ein Bauernbrot eigentlich? Die Zutatenliste ist kurz: Roggenmehl, Weizenmehl, Salz, Wasser, ein individuell gemischter Sauerteigansatz. Die gekneteten Brotlaibe lagern im Regal und werden erst nach dem Einheizen und nach dem Auskehren der Restglut mit einem bemehlten Brotschieber in den Brennraum geschubst und dort ausgebacken. Dafür braucht man handwerkliches Können, und deshalb kann man für ein gutes Brot schon mal einen Umweg in Kauf nehmen.

🍺 Frisches »Helles« und »Landbier« aus hochwertigen Rohstoffen wird in der Schankstube und im Biergarten des *Dorfbräuhauses* in Angersbach gezapft (www.dorfbraeuhaus.de).

DEN SCHÖNSTEN BLICK AUF DIE SCHLITZER ALTSTADT HAT MAN VOM HINTERTURM /// AN DER HINTERBURG /// 36110 SCHLITZ ///

WEITERE INFORMATIONEN ERTEILT DIE TOURISTINFORMATION SCHLITZ /// RATHAUS /// AN DER KIRCHE 4 /// 36110 SCHLITZ /// 0 66 42 / 97 00 /// WWW.SCHLITZ.DE ///

FÜNF-BURGEN-STADT IN INTAKTER IDYLLE

Schlitz – Blick auf die Burgenstadt

Ich stehe auf dem 36 Meter hohen Hinterturm aus dem 14. Jahrhundert, auf den mich eine rasante Liftfahrt gebracht hat, blicke hinüber auf den spitzen Turm der Evangelischen Stadtkirche und staune. Schlitz ist unglaublich. Eine kleine Stadt mit 5.000 Einwohnern im Stadtkern und weiteren 5.500 in den 16 angeschlossenen Dörfern. Klein? Schlitz ist mit 142 Quadratkilometern nach Frankfurt und Wiesbaden die drittgrößte Flächenstadt Hessens, deren heutiges Gebiet sich mit der einstigen Grafschaft Schlitz deckt. Schlitz, malerisch am gleichnamigen Fluss gelegen, der östlich in die Fulda mündet, besitzt sage und schreibe fünf Burgen: Vorderburg, Hinterburg, Schachtenburg, Ottoburg, Hallenburg. Rechnete man die kaum noch erkennbare Burg Niederschlitz und die Ruine von Burg Seeburg bei Hartershausen dazu, wären es sogar sieben. Das zwischen Vogelsberg, Rhön und Knüll »eingeklemmte« Schlitzer Land folgt seinem eigenen, gemütlichen Rhythmus. Die Burgenstadt wurde im Krieg fast nicht zerstört, ihren Kern bildet ein gut erhaltener Ring von Stadtmauer, Burgen, Türmen, Kirchen und Fachwerkhäusern. Die Straßennamen sind selbsterklärend: An der Vorderburg, An der Hinterburg, An der Kirche, Hinter der Hainbuche, Auf der Zinn, Ringmauer – dann plötzlich Egerländer Straße, Ostpreußenstraße, Schlesienstraße. Einbruch deutscher Geschichte in eine Idylle: Nach Kriegsende nahm Schlitz, das 1939 weniger als 3.000 Einwohner hatte, etwa 2.100 Vertriebene, Flüchtlinge, Evakuierte auf.

Schlitz ist von alters her ein wichtiger Standort der Leinenweberei, die ihre Blütezeit im 18. Jahrhundert erreichte. Immerhin waren 1823 noch 176 Leinenweber verzeichnet. Das *Burgenmuseum* in der Vorderburg widmet der Geschichte der Schlitzer Handweberei im Erdgeschoss eine ganze Abteilung.

✍ Die *Schlitzer Destillerie* (1585) ist die zweitälteste Kornbrennerei in Deutschland. Es gibt Führungen, Verkostungen sowie Spirituosen, Letztere im Manufakturverkauf (www.schlitzer-destillerie.de).

SCHLITZERLÄNDER TRACHTENFEST /// MARKTPLATZ ///
36110 SCHLITZ /// WWW.SCHLITZER-TRACHTENFEST.DE ///

Der von Fachwerkhäusern umschlossene, fast dreieckige, abschüssige Marktplatz mit dem gotischen Rathaus an seinem höchsten Punkt bildet den Mittelpunkt der Schlitzer Altstadt. Von hier aus kann man um 15 und um 17 Uhr gut das Spiel des Läutewerks im Turm der Vorderburg hören – 26 Glocken lassen internationale Volkslieder über die Gassen erklingen. Das soll nach dem Wunsch seines Stifters, Graf Otto Hartmann von Schlitz, der internationalen Verständigung dienen.

Dieses Ideal gilt ebenso für das internationale *Schlitzerländer Trachtenfest*. Zu dem reisen Gruppen aus Sri Lanka, den USA, Rumänien und vielen weiteren Ländern an, sogar von der Pazifikinsel Hawaii, um ihre bunten Trachten und ihre typischen Tänze vorzuführen, um alte Freundschaften zu pflegen und neue zu knüpfen, um Spaß zu haben und Freude zu spenden. Dann verwandelt sich die Schlitzer Altstadt in ein Festivalgelände mit Bühnen, Buden und Bands, Paraden, Polonaisen und Partys, Konzerten, Klampfen und Kapellen, Akkordeons und Auerhahn-Bier, Folklore, Fanfaren und Feuerwerk. Tausende Menschen strömen herbei, Ausgewanderte kehren für kurze Zeit heim an die Schlitz, junge Leute kommen übers Wochenende nach Hause, Alte vergessen ihre Zipperlein – am zweiten Juliwochenende in ungeraden Jahren ist Schlitz für vier Tage im Trachtenrausch. Der Slogan »Die Welt trifft sich bei Freunden« ist wörtlich zu nehmen, denn die ausländischen Gäste logieren größtenteils bei Privatleuten. Nicht nur die 80 Mitglieder des *Heimat- und Trachtenfestvereins Schlitzerland* öffnen den Teilnehmern ihre Gästezimmer und kochen für sie leckere regionale Gerichte. Beim historischen Festzug am Sonntag rollen etwa 80 Kuh- und Pferdegespanne durch die Straßen, darunter ein mit Hausrat vollbepackter Brautwagen.

☞ Im von einem wundervollen Park umgebenen barocken Schloss Hallenburg residiert die *Landesmusikakademie Hessen* (www.schloss-hallenburg.de).

URALTE WANDMALEREIEN IM HINTERSTEN DORF

Schlitz – Evangelische Kirche in Fraurombach

50

Hoch über mir rauscht ein Schnellzug über das Tal. Sein dumpfer Schall verdunstet mit den Schwaden des Morgennebels. Eine eigenartige Dorflage: Fraurombach klebt an den steilen Sandsteinhängen des schmalen Rombachtals, über das sich eine 95 Meter hohe und 946 Meter lange Eisenbahnbrücke spannt. Und schräg über den Dächern der 250-Seelen-Siedlung brausen Autos auf der Zubringerstraße zur A-7-Auffahrt Hünfeld/Schlitz vorbei. Ganz in der Nähe mündet der Rombach in die Fulda.

Der älteste Ort des Vogelsbergs ist zugleich der östlichste im Landkreis; das vier Kilometer entfernte Michelsrombach gehört bereits zu Fulda. Fraurombach wurde im Jahr 742 vom Benediktinermönch Sturmius, der im Auftrag des Kirchenreformers Bonifatius nach einem geeigneten Klosterstandort suchte, in seiner Schrift *Vita Sturmi* erstmals erwähnt. Die Namensvorsilbe »Frau-« verdankt das Dorf der ehemaligen Wallfahrtskirche Liebfrauen (1470), heute Evangelische Kirche. Das ansehnlich verbretterte Kirchengebäude ruht auf einem rötlichen Sandsteinsockel, und der sechsseitige Dachreiter mit spitzem Turm sitzt auf einem steilen Satteldach. Im Inneren umfängt uns eine friedvolle, heimelige Atmosphäre. Die durchgehenden Bankreihen lassen das romanische Langhaus breiter erscheinen, und der mit seinen klassizistischen Ornamenten besonders hübsche Prospekt der Oestreich-Orgel von 1799 unterstreicht die intime Anmutung des Raumes. Höhepunkt der Besichtigung ist der gut erhaltene wandhohe Zyklus gotischer Malereien in Fresco-Secco-Mischtechnik aus der Zeit um 1330, wiederentdeckt 1901. Er dokumentiert, vorrangig in Rot-, Blau- und Gelbtönen, mit 20 Bildfeldern ein Heiligenleben – die spannende Legende des römischen Kaisers Herakleios, der 629 das von den Persern geraubte Heilige Kreuz nach Jerusalem zurückbrachte.

Sehenswert ist das private Dorfmuseum *Buisch ahl Huss*, das Elternhaus des Besitzers. Er möchte Besuchern das Gefühl vermitteln, dass die Bauersfamilie gerade bei der Feldarbeit ist und bald zurückkehrt (www.dorfmuseum-fraurombach.de).

DIE EVANGELISCHE KIRCHE VON EULERSDORF LIEGT AN EINEM
IDYLLISCHEN DORFPLATZ /// MÜHLSTRASSE/TANNENWALDSTRASSE ///
36323 GREBENAU-EULERSDORF ///

WEITERE INFORMATIONEN ERTEILT DIE STADT GREBENAU /// AMTHOF 2 ///
36323 GREBENAU /// 0 66 46 / 97 00 /// WWW.GREBENAU.DE ///

RAST IM TALGRUND DER JOSSA

Grebenau – Eulersdorf und Umgebung

51

Der Dorfplatz des 160-Seelen-Ortes Eulersdorf ist weit und groß, mit Ruhebänken, umgeben von gepflegten Fachwerkgehöften und Wohnhäusern. Hier möchte man eine Rast einlegen. In der Mitte steht ein gut renoviertes Kirchlein von 1751, das als einzige Fachwerkkirche des Vogelsbergs einen achteckigen Dachreiter mit Zwiebelhaube trägt, worauf Hobbykirchenforscher Rainer Schmid aufmerksam macht. Das Innere des Gotteshauses mit roter Kanzel und einer Orgel quer über dem Altar ist von schöner Schlichtheit. Eulersdorf hat ungefähr 160 Einwohner. Der Dorfname hat nichts mit Eulen zu tun, sondern leitet sich von »Ailhardesdorph« ab, »Dorf des Adehart«. Die einladende Dorfmitte verdankt Eulersdorf den Gestaltungsmöglichkeiten, die das hessische Förderprogramm zur Dorferneuerung vor einigen Jahren bot.

Das aus sieben Dörfern bestehende Grebenau mit rund 2.400 Einwohnern liegt im Talgrund der Flüsschen Schwarza und Jossa. Dort siedelten schon im zweiten Jahrtausend vor Christus Menschen, nachgewiesen durch Hügelgräber in dieser Gegend. Dieser wiesen- und waldreiche Grebenauer »Grund« wird liebevoll im Volksmund, inzwischen auch in historischen Dokumenten und ganz offiziell »Gründchen« genannt.

Der heutige Kernort Grebenau hatte im 19. Jahrhundert den höchsten Anteil an jüdischer Bevölkerung in Hessen, um 1860 stellten dort Personen jüdischer Religion ein Viertel der Einwohner. Sie arbeiteten als Kaufleute, Viehhändler, Sattler, Bäcker, Schuhmacher und in anderen Handwerksberufen. Ihre Synagoge stand auf dem Grundstück des jetzigen Grebenauer Kinderspielplatzes; das Gebäude wurde 1938, eine Woche nach der Pogromnacht, von lokalen Nationalsozialisten komplett zerstört. Auf dem Gedenkstein von 2008 ist zu lesen: »Das Geheimnis der Versöhnung heißt Erinnerung.«

🖉 Der anspruchsvolle *Gründchen Rundwanderweg* führt auf 35 Kilometern durch hügeliges Gelände um Grebenau herum – zu Fuß in Etappen empfohlen, mit Mountainbike als Tagestour.

BURG HERZBERG /// 36287 BREITENBACH /// 0 66 75 / 5 12 ///
WWW.BURG-HERZBERG.DE /// WWW.BURGHERZBERG-FESTIVAL.DE ///
WWW.HERZBERGER-RITTERSPEKTAKEL.DE ///

LOVE AND PEACE AUF DER RITTERBURG

Breitenbach – Burg Herzberg mit Festival

52

Die Freiherren von Dörnberg, hessischer Uradel und seit 1477 Besitzer von Burg Herzberg, der größten hessischen Höhenburg, waren mit dem Amt des Erbküchenmeisters am Hof des Landgrafen von Hessen-Darmstadt betraut. Traditionell gab es vier höfische Erbämter: Marschall, (Mund-)Schenk, Kämmerer und Küchenmeister. Nun darf man sich nicht vorstellen, dass die Herren persönlich am landgräflichen Tisch Wein ausschenkten oder in der Hofküche die Speisen zubereiteten; das war an kaiserlichen Höfen vor 1.000 Jahren vielleicht der Fall, später wurden die Bezeichnungen reine Ehrentitel. Hermann von Dörnberg war ein glühender Anhänger Martin Luthers und begleitete den Reformator auf seiner legendären Reise zum Reichstag nach Worms; er soll auch an der fingierten Entführung Luthers auf die Wartburg beteiligt gewesen sein.

Die mittelalterliche Burg Herzberg thront über ausgedehnten Wäldern auf einem Basaltkegel an der historischen Reisestrecke *Kurze Hessen*. Jetzt flankiert die Burganlage die Wanderstrecke *Lutherweg 1521*. Beinahe täglich ist das Gelände für Besucher geöffnet, die sich im schattigen Biergarten ausruhen und in der großen Gaststube der *Burgschänke* essen können. Auch mit Mittelaltermärkten gelingt es, die Anlage touristisch zu beleben. Unübertreffbares Highlight aber ist das jährlich stattfindende *Burg Herzberg Festival* unter dem Motto »Love + Peace«, zu dem im Juli bis zu 13.000 Hippies und Bands aus aller Welt anreisen, um am Rande von Gehau zu Füßen der Burg ihre Zelte aufzuschlagen. 1968 fand hier das erste Freiluft-Hippie-Festival Deutschlands statt. Da steht schon mal die umjubelte Punk-Legende Patti Smith auf der Bühne. Aber auch Nachwuchsbands haben eine Chance, vor diesem so kritischen wie fröhlichen Publikum zu bestehen.

✍ Ähnlich viele Besucher wie beim Hippie-Festival erwarten die Veranstalter des neuen *Herzberger Ritterspektakels*, bei dem die beliebten Entertainer *Löwenritter* und andere Mittelalter-Stars auftreten.

MORGENDLICHER AUSRITT IM HERBSTLICHEN WALD,
AUCH DER HUND DARF MITKOMMEN.

EINE DER 59 REITSTATIONEN DES VOGELSBERGS IST DER
GASTHOF GEMMER /// BREITENBACHER STRASSE 21 ///
36304 ALSFELD-LINGELBACH /// WWW.GASTHOF-GEMMER.DE ///

VOM GLÜCK AUF DEM RÜCKEN DER PFERDE

Alsfeld – Wanderreiter in Lingelbach

53

Der Vogelsberg ist ein Eldorado für Wanderreiter. Es gibt 59 Reitstationen im Landkreis, einige sogar mit Winterbetrieb, wie das Gasthaus Gemmer in Lingelbach. Zehn Reitstationen bieten Reitferien für Kinder und Familien, drei Kutsch- oder Planwagenfahrten, und eine Station hat eine Gespannfahrschule. Nicht nur die herrliche Landschaft im *Naturpark Hoher Vogelsberg* lockt Reiterinnen und Reiter an, auch das liberale hessische Reitrecht trägt dazu bei. Hessen gibt Pferdefreunden einen Passierschein für alle festen Wege, die mindestens zwei Meter breit sind. Und wie merkt man das? Ganz einfach: Wo kein Verbotsschild steht, darf man reiten.

Wer im Sattel sitzt und die Augen aufsperrt, kann im Vogelsberg am Wegesrand seltene und geschützte Blumen wie Knabenkraut, Trollblumen oder Märzenbecher entdecken. Schreckhaft sollte man nicht sein, denn in den Vogelsberger Wäldern leben seltene Kolkraben, Schwarzstörche, Wildkatzen, Luchse und natürlich Rothirsche und Wildschweine. Mit Rücksicht auf den Schutz der Natur sollten die Reiter möglichst nicht vom Weg abkommen, schon aus eigenem Interesse: Die Pferdehufe könnten zu tief einsinken, oder eine Bache mit Frischlingen könnte die Anwesenheit der Zweibeiner auf den Vierbeinern missverstehen. Wölfe wurden bislang nicht gesichtet, das kann sich aber rasch ändern – es gibt in Deutschland bereits wieder 61 Rudel und Wolfspaare, die heimisch geworden sind.

Das Städtchen Wartenberg treibt die Pferdefreundlichkeit auf die Spitze: Seine Kommunalpolitiker wiesen im Ortsteil Landenhausen ein Sonderbaugebiet für Pferdehalter mit angrenzenden großen Freiflächen aus, wofür Wartenberg von der *Deutschen Reiterlichen Vereinigung* mit dem Prädikat *Pferdefreundliche Gemeinde* ausgezeichnet wurde.

✍ Eine Liste aller Reitstationen vermittelt der Verein *Reitstationen und Freizeitreiten Vogelsberg/Lauterbach* (www.reitstationen.de).

FOLGEN SIE VOM PARKPLATZ DES BACKHAUSES EIFA AUS DEM
WEG RICHTUNG ALSFELD (LINKER HAND LIEGT EIN REITERHOF) ETWA
EINEN KILOMETER DURCH DEN WALD BIS ZUM EISENBAHNVIADUKT.

BACKHAUS EIFA /// UNTERE GRUNDSTRASSE ///
36304 ALSFELD-EIFA /// WWW.BACKHAUS-EIFA.DE ///

MIT DER GRÜNDCHENBAHN ÜBER DEN ABGRUND
Alsfeld – Eisenbahnviadukt bei Eifa

54

Es muss um 1908 gewesen sein, als mein Großvater Konrad, achtes Kind eines Grebenauer Bauern und Gastwirts, ins Lehrerseminar nach Friedberg in der Wetterau aufbrach. Die Entfernung beträgt knapp 100 Kilometer. Die *Gründchenbahn* von Grebenau zum 15 Kilometer entfernten Bahnhof Alsfeld gab es noch nicht. Wie mag er dorthin gelangt sein, um die *Oberhessische Eisenbahn* nach Gießen zu besteigen? Wahrscheinlich auf Schusters Rappen. In der Provinzhauptstadt stieg er dann wohl in die *Main-Weser-Bahn* Kassel–Frankfurt um. Während der Ausbildung schickte er seiner Schwester Anna die schmutzige Wäsche mit der Post in die Schwalm, sauber kam sie retour, das war offenbar die billigste Lösung.

Und heute? Wer auf öffentliche Verkehrsmittel angewiesen ist, muss Zeit mitbringen, daran hat sich wenig geändert. Immerhin zwei Stunden benötigt man mit Bahnbus und Regionalbahn von Grebenau im Vogelsberg über Alsfeld oder Lauterbach nach Friedberg in der Wetterau. 1916 wurde die 22 Kilometer lange Eisenbahnstrecke von Alsfeld nach Grebenau, die *Gründchenbahn*, eröffnet. Wegen der schwierigen Geländeverhältnisse – Bergrücken und tiefe Täler – führte sie über zwei Viadukte. Schon 1974 ging sie in Pension, der Güterverkehr ruht seit 1988. Eines der Viadukte wurde 1992 abgerissen, aber die zweite 30 Meter hohe Brücke im Waldgebiet westlich von Alsfeld-Eifa können wir (von unten) noch bewundern. Das Viadukt ist ein bedeutendes Zeugnis der Eisenbahnarchitektur. Die an ihren Rändern von Baumschösslingen und Ästen überwucherte Stahlbetonkonstruktion überspannt das Eifatal in acht Arkaden auf einer Länge von 214 Metern. Ein Wunderwerk der Ingenieursleistung, das als Kulturdenkmal zu erhalten eine gute Idee war (und für die *Deutsche Bahn* preisgünstiger als Sprengung und Abriss).

✎ Alle 14 Tage backen Mitglieder des *Obst- und Gartenbauvereins Eifa* im Backhaus vorbestellte »Salzekuchen« und Holzofenbrote. In der Gaststube gibt es dann Kaffee und selbstgepressten Apfelsaft.

VOM EISENBAHNVIADUKT (BEITRAG 54) AUS BIEGT MAN DEN NÄCHSTEN WEG RECHTS AB, GELANGT AN DEN BACH UND DIE BLUE-STONE-FALLS.

WEITERE INFORMATIONEN BIETET DAS TOURIST-CENTER ALSFELD ///
MARKT 3 (WEINHAUS) /// 36304 ALSFELD /// 0 66 31 / 18 21 65 ///
WWW.ALSFELD.DE ///

DIE NIAGARAFÄLLE DES VOGELSBERGS
Alsfeld – Blue-Stone-Falls bei Eifa

55

Ich dachte bislang, der Nidda-Wasserfall in Schotten sei der einzige des Vogelsbergs. Da kannte ich die Blue-Stone-Falls bei Eifa noch nicht – angeblich der kleinste Wasserfall der Welt. Guter Werbegag! Die Eifaer haben schon öfter eine gewisse Bauernschläue bewiesen. Kurz nach Kriegsende schafften sie es zum Beispiel, Waffentreibstoff aus einem vergessenen Güterwagen der Wehrmacht durch Destillation in Schnaps umzuwandeln. Auf der Suche nach den Mini-Niagaras wandere ich von der Alsfelder Seite durch den Wald. Kein Schild, nichts. Passanten versichern mir, nie von diesem Wunder der Natur gehört zu haben – »Und wir wohnen seit 17 Jahren in Eifa!« Ich durchquere die Unterführung der Autobahn (mitten im Wald, ohrenbetäubendes Poltern drückt mich akustisch zu Boden), komme durch ein sumpfiges Gebiet. Alles irgendwie surreal. Da! Hinter einer kleinen Sandsteinbrücke plätschert die Eifa über Basaltsteine. Ein Infoschild hilft mir, die Bedeutung des Gewässers richtig einzuschätzen:

»Im unteren Miozän, vor circa 20 Millionen Jahren, begann in unserer Heimat eine gewaltige vulkanische Aktivität. Über circa 17 Millionen Jahre kam es zu heftigen eruptiven Ausbrüchen (…) Durch die erkalteten Lavaströme konnte das Niederschlagswasser des Auerberges nicht mehr ungehindert in die Schwalm abfließen, und es entstand ein 7,3 Quadratkilometer großer Rückstau im Gebiet der heutigen Hardtmühle. Vor 1,7 Millionen Jahren wurde durch ein tektonisches Beben ein Wasserdurchbruch ausgelöst, der das gesamte obere Schwalmgebiet bis Schrecksbach überflutete. Dabei kam es zu den Auswaschungen der Eifa, die diese wunderschönen Basaltkaskaden in der Eifa freilegten.« Lieber »Homo eifathalensis«: Diesen wissenschaftlichen Ausführungen ist nichts hinzuzufügen.

🖉 Alles vom Schaf: Käse, Wurst, Lammfleisch, gekämmte Wolle, medizinisch gegerbte und waschbare Felle gibt es auf dem *Klingelhof* in Alsfeld-Altenburg (www.gutes-vom-klingelhof.de).

RATHAUS ALSFELD /// MARKT 1 ///
36304 ALSFELD /// WWW.ALSFELD.DE ///

»Alsfeld bietet noch heute dasselbe Stadtbild, wie es uns Dilich in seiner hessischen Chronik 1605 zeichnete.« Diese Aussage in einem Reiseführer von 1910 gilt unverändert. Die hessische Denkmalpflege nahm 1878 in Alsfeld ihren Anfang. Damals sollte das markante Rathaus mit dem steilen Satteldach, an das sich spitztürmige Giebel klammern, abgerissen werden. Dagegen regte sich Widerstand in der Bevölkerung. In den nächsten 100 Jahren widerstanden die Alsfelder den meisten Versuchungen, ihre historischen Quartiere durch Neubauten zu ersetzen. Mehr als 400 Fachwerkhäuser vom 14. bis ins frühe 20. Jahrhundert konnten erhalten werden – geschlossene Ensembles repräsentativer Patrizierhäuser, Quartiere von Handwerkern und Ackerbürgern, Renaissancebauten, öffentliche Denkmäler wie Walpurgiskirche, Wein- und Hochzeitshaus. 1975 wurde Alsfeld für seine lange denkmalpflegerische Tradition als *Europäische Modellstadt für Denkmalschutz* ausgezeichnet. Das Städtchen, das am Übergang vom Vogelsberg zum Knüllgebirge liegt, verfügt über ein bedeutendes architektonisches Kapital, hatte aber auch Glück. Denn trotz exponierter Lage am Fadenkreuz von Handelsstraßen zwischen Kassel, Leipzig, Frankfurt und Köln wurde Alsfeld seit dem Dreißigjährigen Krieg nicht mehr zerstört.

Schlendert man durch die Gassen, entdeckt man an den Ständern, Streben, Türstürzen und Geschossüberständen des Fachwerks Hunderte von Schmuckelementen: geschnitzte Figuren, gedrehte Stäbe, Inschriften. Ganz besonders interessant ist das Gebäude Markt 2, von 1350, das in Teilen im Originalzustand erhalten ist. Darin residiert übrigens die einzige Buchhandlung von Alsfeld, eine prall gefüllte Schatztruhe, die das Herz jedes Lesers schneller schlagen lässt.

✐ Im *Alsfelder Märchenhaus* werden Geschichten erzählt und Puppenstuben aus zwei Jahrhunderten gezeigt (Sackgasse 2).

WASSERBURG, JAGDDOMIZIL, HOCHZEITSHOTEL

Romrod – Schloss

57

Romrod liegt inmitten der größten zusammenhängenden Waldgebiete des Bundeslandes. Für die hessischen Landgrafen, die die einstige Wasserburg aus dem 12. Jahrhundert und das Dorf Romrod seit 1385 besaßen, eröffneten sich paradiesische Jagdmöglichkeiten. Rot- und Schwarzwild gab es in dem an Quellen, Bächen und Teichen reichen Landstrich in Hülle und Fülle. Ludwig IV. soll 1578 mit seiner Jagdgesellschaft 120 Hirsche, ein paar Jahre später 672 Wildschweine erlegt haben. Der Ort profitierte von dieser Leidenschaft der adeligen Herren und Damen, das Schloss Romrod wurde in den 1570er-Jahren großzügig zum Jagdschloss erweitert und modernisiert, es müssen dort Hunderte von wappengeschmückten Geweihen gehangen haben. Und es entstand eine größere Siedlung im »Jägertal« bei Zell mit 14 Gebäuden, von denen aber nichts mehr übrig ist. Auch Nazichefs wie Hermann Göring kamen mehrfach zur Jagd nach Romrod. Die günstige Lage des Ortes an wichtigen Heer- und Handelsstraßen erwies sich während des Dreißigjährigen und des Siebenjährigen Kriegs und ebenso während der Napoleonischen Kriege als fatal, weil marodierende Horden durch die Gegend zogen, noch dazu wütete die Pest heftig. Im 20. Jahrhundert verfiel Schloss Romrod, nach dem Zweiten Weltkrieg kamen Vertriebene darin unter, aber seit den 1970er-Jahren bis 1996 stand der riesige Bau mitten im Ort leer. Eine glückliche Fügung für die Kleinstadt mit 3.000 Einwohnern in fünf Ortsteilen war die Übernahme des Schlosses durch die *Deutsche Stiftung Denkmalschutz*, die es sanierte und ihre Denkmal-Akademie und das bei Hochzeitern und Tagungsveranstaltern beliebte *Hôtel Schloss Romrod* darin unterbrachte. Auch im Ort ließ die Stiftung mehrere historische Gebäude restaurieren.

✎ Die beim Schloss entdeckten wertvollen archäologischen Funde sind im *Schlossmuseum Romrod* in der Alsfelder Straße ausgestellt. Nebenan befindet sich die restaurierte Synagoge der früheren jüdischen Gemeinde.

DER DAMM DER ANTRIFTTALSPERRE LIEGT EINEN KILOMETER SÜDLICH DES ORTSTEILS SEIBELSDORF.

INFORMATIONEN ÜBER DAS NAHERHOLUNGSGEBIET GIBT DIE GEMEINDE ANTRIFTTAL /// WEIHERSWEG 24 /// 0 66 31 / 91 80 50 /// WWW.ANTRIFTTAL.DE ///

DIE »TASSE« SCHÜTZT VOR HOCHWASSER
Antrifttal – Antrifttalsperre

58

Kurzer Fluss mit zwei Bezeichnungen: Einige Kilometer vor der Mündung in die Schwalm wechselt die Antrift ihren Namen und heißt nun Antreff. Ihren größten Auftritt hat sie beim Durchqueren des Antriftstausees, etwa fünf Kilometer nördlich von Alsfeld. Das 32 Hektar große Gewässer liegt in der Nord-Süd-Achse zwischen Seibelsdorf und Angenrod. Die 1981 vollendete Talsperre bewährte sich schon oft bei Dauerregen und Schneeschmelze und schützte die Dörfer vor Überflutung durch Schwalm-Hochwasser. Am Nordufer, auf Höhe des trichterförmigen Kelchüberfalls (Foto), der an eine Riesentasse erinnert, führen Treppen auf den Damm hoch. Von hier blickt man weit über See und Wald. Auch zeigt sich die Öffnung der Stahlbeton-»Tasse« in ihrer ganzen Funktionalität im krassen Kontrast zur umgebenden Natur.

Das Naherholungsgebiet Antriftstausee ist von eigenartiger Schönheit, fast beklemmend ruhig, nicht besonders belebt, taugt als Geheimtipp für Leute, die Freizeitparks jeglicher Art und organisierten Badebetrieb meiden. Wanderer, Spaziergänger, Inlineskater und Radfahrer finden auf der asphaltierten Drei-Kilometer-Strecke rund um den See und auf Waldwegen paradiesische Verhältnisse. Drei Rundwanderwege und zwei Hessische Radfernwege führen an der Talsperre vorbei. Angler lieben den Fischreichtum und die Ruhe am See. Der Süden des Stausees ist als Naturschutzgebiet ausgewiesen, hier brüten seltene und streng geschützte Vögel.

Das einzige Restaurant mit Café und Sonnenterrasse – *Seehotel Michaela* – liegt am nordwestlichen Ufer. Baden jedoch sollte man keinesfalls: Die Wasserqualität ist angesichts des »ökologischen Zustands« durch hohen Phosphorgehalt und basische pH-Werte gesundheitsschädlich, wie eine Untersuchung der Technischen Universität Darmstadt ergab. Schade.

✍ Der Ort Antrifttal liegt nahe von Willingshausen im Schwalm-Eder-Kreis, wo sich das Museum *Malerstübchen* der ältesten Künstlerkolonie Deutschlands widmet (www.willingshausen.de).

**KARLIS KUHSCHULE /// KARL-WILHELM BECKER /// HAUPTSTRASSE 16 ///
36320 KIRTORF-LEHRBACH /// 0 66 35 / 91 91 93 ///**

COMEBACK DES ROTEN HÖHENVIEHS

Kirtorf – Karlis Kuhschule in Lehrbach

59

Wenn im September die rotbraunen Kuhdamen Gerlinde, Rita und Beate mit etwa zehn Kolleginnen und einigen Kälbern, festlich geschmückt mit Schleifen und frischen Blumen, flankenschaukelnd in raschem Tempo durchs Dorf traben, dann ist in Kirtorf-Lehrbach »Almabtrieb«. Das Rote Höhenvieh, auch bekannt als Vogelsberger Rind, war so gut wie ausgestorben. Bis vor 100 Jahren diente die robuste und fruchtbare Rinderrasse, kleinwüchsig und genügsam, vor allem auf kleinbäuerlichen Höfen. Und zwar dreifach: als Milchproduzentin, als »Schaffkuh« vor Pflug und Wagen und am Ende eines etwa zwölfjährigen Lebens als Fleischlieferantin. Später bevorzugte man größeres, auf Milch oder Fleisch spezialisiertes Vieh. Inzwischen sieht man Nachzüchtungen des Höhenviehs wieder öfter auf Weiden grasen. Wesentlich trug dazu ein Mann bei: Karl-Wilhelm »Karli« Becker aus Lehrbach: »Kuhlehrer«, Bewahrer alter Bauernkultur, Mundart-Kabarettist. Auf seinem Hof hält er acht Vogelsberger Rinder, mit Nachzucht 17 Tiere. Hauptberuflich arbeitet der Landwirt als Betriebshelfer, in seiner Freizeit betreibt er *Karlis Kuhschule*. Bei ihm lernen die Tiere, sich Geschirr anlegen und sich stressfrei führen zu lassen. Dass er den Vierbeinern beibringt, allein den Zebrastreifen vor seinem Haus zu überqueren, ist allerdings eine Mär. Karli zeigt seine Kuhgespanne auf Tierschauen, Viehmärkten, Festumzügen, Infotagen; sogar bei einer Traktorenschau begegnete er mir. Bei solchen Anlässen trägt er ein rot kariertes Hemd, eine Manchesterhose mit breiten Hosenträgern und einen Strohhut. Lebensgefährtin Elke Gottlieb macht auch oft mit, sie im hessischen Trachtenkleid. Vier Mal bereits spannte Karli Rotvieh vor einen zur Hochzeitskutsche umfunktionierten historischen Ackerwagen – die Brautleute waren Tierärzte und Landwirte.

☞ Eine heimatgeschichtliche Fundgrube ist das *Museum Kirtorf* in einem liebevoll sanierten Fachwerkhaus. Einmalige Schau: das Handwerk des Teerbrennens durch den »Schmerschorsch« (www.museum-kirtorf.de).

OLDTIMERMUSEUM DANNENROD /// BUCHHAINER STRASSE 9 A ///
35315 HOMBERG-DANNENROD /// 0 66 33 / 9 11 97 87 ///
WWW.OLDTIMER-FREUNDE-OHMTAL.DE ///

»Wenn Sie unterwegs mal einem Lkw-Oldtimer *Hanomag F30* mit einer Motorkutsche auf der Ladefläche begegnen, können Sie sicher sein, dass ich wieder zu einer Veranstaltung unterwegs bin«, schreibt Karl Heinz Pfeffer auf der Internetseite der *Oldtimer Freunde Ohmtal*. Von der Sichel bis zum Mähdrescher, von der Harke bis zum Kartoffelvollernter, Bulldogs aller Marken, Mopeds, Fahrräder, Pkws, Lastwagen, Feuerwehrautos, Geländewagen und Trucks und nun auch ein Nachbau der *Daimler Motorkutsche* von 1888 – das ist das breite Sammelspektrum einer Gruppe aus Ortsteilen von Homberg an der Ohm. Seit mehr als 30 Jahren bastelt die in jeder freien Minute an alten Fahrzeugen. Ihr Vereinsheim Dannenrod trägt den sprechenden Namen »Glühkopf«. Im Unterschied zum Ottomotor und zum Dieselmotor wird ein einzylindriger Glühkopfmotor durch die glühenden Wände der Vorkammer, den sogenannten Glühkopf, gezündet. Diese Motoren haben eine lange Lebensdauer und treiben vor allem landwirtschaftliche Zugmaschinen an. Der bekannteste dieser brennstoffgenügsamen Glühmotoren steckt im *Lanz Bulldog*, der mit Schwerölen aller Art angetrieben werden kann.

In zwei großen Hallen stellen die etwa 150 Vereinsmitglieder ungefähr 200 restaurierte landwirtschaftliche Antiquitäten aus, alle in jahrelanger Tüftelarbeit fahrtüchtig beziehungsweise betriebsbereit gemacht, das ist Ehrensache. Das originelle *Oldtimermuseum Dannenrod* kann nach telefonischer Vereinbarung besichtigt werden, auch Führungen für Gruppen sind möglich. Mit drei Großveranstaltungen in Dannenrod pro Jahr bietet der Verein überregional Sammlern die Möglichkeit, ihre Maschinen und Fahrzeuge öffentlich zu präsentieren. Manchmal gibt es Vorführungen alter bäuerlicher Arbeitsgänge – vom Dampfdreschen bis zum Garbenbinden.

Ausgesprochen hübsch wirkt die kleine Fachwerkkirche von Dannenrod. Auf ihrem Dach hockt ein kompakter achteckiger Haubenreiter, von dem sich noch ein achteckiges Türmchen mit Wetterhahn hochreckt.

FOLGEN SIE VON OBER-OFLEIDEN AUS DER STRASSE ZUM HOHEN BERG
UND DANN ZU FUSS DER AUSSCHILDERUNG DER GEOTOUR FELSENMEER
IM UHRZEIGERSINN BIS ZUR AUSSICHTSPLATTFORM BASALTSTEINBRUCH.

EUROPAS GRÖSSTER BASALTSTEINBRUCH

*Homberg – Aussichtsplattform Basaltsteinbruch
bei Nieder-Ofleiden*

Etwa 800.000 Tonnen Gleisschotter und Splitte für die Bauwirtschaft gewinnt die Mitteldeutsche Hartstein-Industrie jährlich in Europas größtem Basaltsteinbruch im Homberger Stadtteil Nieder-Ofleiden. Alle drei Jahre verwandelt sich das Gelände auf 200.000 Quadratmetern in einen riesigen Messepark mit etwa 250 Ausstellern und mehr als 50.000 Besuchern. Die *Steinexpo* ist die größte einschlägige Demonstrationsmesse in Europa, zu der Fachleute aus der Bauindustrie, von Recyclingunternehmen und Betreiber von Steinbrüchen, Kies- und Sandgruben strömen. Aber auch Privatinteressenten können hier Maschinen und Anlagen in Aktion erleben, die *Steinexpo* ist ein Event, das Groß und Klein fasziniert. Ganze Familien, manche mit Kinderwagen, pilgern zu der abenteuerlichen Show und bestaunen Bagger, Trucks und sonstige Giganten, die durchs Gelände pflügen, lärmend schwarzes Gestein wuchten, zerkleinern, ausschütten.

Erst wenn man aus der Vogelperspektive, von einer Aussichtsplattform aus, in den terrassierten Basaltsteinbruch hineingesehen hat, erschließt sich einem die wahre Bedeutung des Vogelsbergs als des größten zusammenhängenden Vulkangebiets Mitteleuropas. Das zerklüftete Abbaugelände ist ein anschauliches Zeugnis der Zeitreise einer Landschaft, die sich vor 18 Millionen Jahren aufgrund von Plattentektonik zu Bergen auffaltete, Risse in der Erdkruste bildete, Magma emporschleuderte, Vulkanfelder entstehen ließ und schließlich erkaltete und verwitterte. Die Aussichtsplattform kann man nur zu Fuß erreichen, sie ist eine Station der abwechslungsreichen, gut ausgeschilderten *Geotour Felsenmeer*. Auf 6,6 Kilometern kommt man an mehreren Naturdenkmalen vorbei, und an der Wand einer stillgelegten Sandgrube lassen sich Millionen Jahre Erdgeschichte nachvollziehen.

🖉 In der *Seifenmanufaktur Glatthaar* in Homberg-Appenrod werden Naturseifen aus wertvollen Rohstoffen hergestellt (www.seifenmanufaktur-glatthaar.de).

TOURENVORSCHLÄGE, KARTEN UND INFORMATIONEN ERHÄLT MAN
IN DER TOURIST-INFO IN DER BUCHHANDLUNG /// FRANKFURTER STRASSE 49 /// 35315 HOMBERG/OHM /// 0 66 33 / 1 84 43 /// WWW.HOMBERG.DE ///

WO DIE OHM IHRE SCHLEIFE ZIEHT

Homberg – Ohmradweg

62

Oberhalb von Homberg an der Ohm verlaufen mehrere regionale Radrouten wie hier an einer Weggabelung bei Appenrod (Foto). Sicherlich eine der landschaftlich reizvollsten Touren in Hessen ist die erste Etappe des knapp 42 Kilometer langen *Ohmradwegs*, die in Schotten im Hohen Vogelsberg beginnt und in Homberg im geologischen Naturraum Vorderer Vogelsberg endet. Nach einem Anstieg quer über den Vulkan bis Ulrichstein, schweißtreibenden 13 Kilometern, folgt als Belohnung eine langgezogene Abfahrt ins Ohmtal, kurz vorm Ziel unterbrochen von einer heftigen Steigung zwischen Burg-Gemünden und Bleidenrod. Passionierten Radfahrern ist diese Tour auch deshalb sympathisch, weil sie an die *Niddatalroute* und an den *Vulkanradweg* »andockt«. Nördlich von Homberg führt die zweite Etappe des *Ohmradwegs* entweder durch das Amöneburger Becken oder über die Amöneburg selbst, die von Weitem sichtbar auf einem landschaftsprägenden Basaltkegel ruht. Kurz vor Marburg findet man an der Ohmmündung den Anschluss zum *Lahntalradweg*, einer der beliebtesten Biker-Strecken in Deutschland.

Im Ohmtal rund um das Fachwerkstädtchen Homberg mit 8.000 Einwohnern in 14 Stadtteilen gibt es zudem zahlreiche Wandermöglichkeiten. Eine der schönsten Routen ist die vom *Deutschen Wanderinstitut* zertifizierte neun Kilometer lange *Schächerbachtour* (das alte Wort »Schächer« bezeichnet Räuber). Das Tal des Flüsschens Ohm, das auf manchen Karten auch als »Schadenbach« bezeichnet wird, ist landschaftlich vielseitig. Vom Parkplatz der Homberger Stadthalle aus spaziert man zunächst an einer Ohmschleife entlang, in der sich nette Freizeitgärten aneinanderreihen, und läuft dann über naturbelassene Pfade und Wirtschaftswege durch Wald und Wiesen, vorbei an historischen Mühlen, Bächen, Teichen und dem Baudenkmal Eisenbahnbrücke.

✍ Durch das weite und fruchtbare Ohmtal führt eine 29 Kilometer lange Schleife der *Hessischen Apfelwein- und Obstwiesenroute*.

Am Erlenbach

Romrod 10 km
Windhausen 2 km

Köddingen 4 km

Ulrichstein 10 km
Stumpertenrod 4 km

SEHENSWERT IN FELDATAL IST ZUM BEISPIEL DIE EVANGELISCHE KIRCHE
IN KESTRICH /// AM ERLENBACH 4 /// 36325 FELDATAL-KESTRICH ///

INFORMATIONEN ZUM LUTHERWEG IN HESSEN GIBT ES IM
GLEICHNAMIGEN VEREIN /// ALSFELDER STRASSE 1 ///
36329 ROMROD /// 0 66 36 / 9 18 96 30 /// WWW.LUTHERWEG1521.DE ///

Feldatal, eine Gemeinde mit knapp 2.600 Einwohnern, verfügt über sieben Kirchen in sieben Dörfern, darunter vier bemerkenswerte Gotteshäuser aus Fachwerk in Kestrich, Stumpertenrod, Zeilbach und Ermenrod. Die kleine Evangelische Kirche in Kestrich (Foto), heute auf einer Verkehrsinsel mitten im Ort, wurde 1773 stabil auf einen Basaltsteinsockel gestellt. Die im Vergleich zu ihr riesige Stumpertenroder Barockkirche wirkt ein wenig plump – sie ist die größte Hallenkirche Hessens aus Fachwerk. Die unscheinbare, leider rundum verschindelte Zeilbacher Kirche entfaltet ihre eigentliche Schönheit im hellen, farbig gestalteten, erstaunlich hohen Innenraum, bedenkt man den eher kleinen Grundriss. Eines der wegen seiner harmonischen Konstruktion und wertvollen Innenausstattung bedeutendsten Gotteshäuser aus Fachwerk in Hessen stellt die denkmalgeschützte Ermenroder Martin-Luther-Kirche dar. Noch dazu profitiert sie als Sehenswürdigkeit von der Lage Ermenrods direkt an der beliebten Wanderstrecke *Lutherweg 1521*.

Diese auf insgesamt 360 Kilometern über die historische Handels- und Reisestraße *Kurze Hessen* von der Wartburg bei Eisenach nach Worms führende Tour streift den nordwestlichen Rand des Vogelsbergs und die Westseite der Wetterau. Der Pilgerweg folgt allerdings nicht ganz authentisch der Reiseroute, die der Reformator Martin Luther auf seinem Weg zum Reichstag nach Worms zurücklegte. Dazu hat sich die naturräumliche Struktur der Landschaft zu stark durch Flurbereinigungen und neue Verkehrsschneisen verändert. Im Feldatal gibt es weitere Wanderwege: zwei Panoramarouten und acht Rundwanderstrecken, deren längste der *Wüstungsweg* ist (16,3 Kilometer) und deren gemächlichste, der *Kurzweg*, von Stumpertenrod ausgeht und dorthin zurückführt (zehn Kilometer).

✍ Stumpertenrod besitzt eine Sternwarte (www.sternenwelt-vogelsberg.de). Ein weiteres Highlight der Region stellt die *Greifvogelwarte in Ermenrod* dar (www.greifvogelwarte-feldatal.de).

ÜBER WIESEN-, WALD- UND ACKERWEGE NÄHERTEN SICH
DIE JÜDISCHEN WANDERHÄNDLER DEN VOGELSBERGER DÖRFERN.

KNOTENPUNKT DES JUDENPFADS IST DAS KULTURHAUS ALTE
SYNAGOGE /// HAUPTSTRASSE 42 /// 36325 FELDATAL-KESTRICH ///

WEITERE INFORMATIONEN ÜBER FELDATAL FINDET MAN UNTER
WWW.FELDATAL.DE UND ZUR JÜDISCHEN GESCHICHTE DES
VOGELSBERGS UNTER WWW.JUEDISCHE-GESCHICHTE-VOGELSBERG.DE ///

AUF DEN SPUREN VON WANDERHÄNDLERN
Feldatal – Wanderweg Judenpfad ab Kestrich

64

In Kestrich laufen die Verzweigungen des noch jungen Wanderweges *Judenpfad* zusammen, der nach Ulrichstein im Süden, Storndorf im Osten und Romrod im Norden führt. Den Knotenpunkt bildet die zentral neben der Kestricher Kirche stehende ehemalige Landsynagoge und »Jirreschul« (Judenschule), heute restauriertes Kulturhaus. Dort startete das offizielle »Anwandern« der 45 Kilometer langen, ausgeschilderten Strecke, die einstige Standorte jüdischer Gemeinden im Vogelsberg verbindet. Informationstafeln am Wegesrand berichten über das Leben jüdischer Menschen im Zeitraum 1820 bis 1900. In Kestrich zum Beispiel lebten im 19. Jahrhundert 20 bis 30 jüdische Familien und arbeiteten unter anderem als »Spezereikrämer« (Gemischtwarenhändler). In Ortschaften wie Angenrod und Grebenau bestanden sogar 40 Prozent der Bevölkerung aus jüdischen Familien. Noch bis 1871 waren Juden rechtlich nicht gleichgestellt, sie durften kein Handwerk ausüben. Deshalb wanderten viele auf »Judenpfaden« als Hausierer, Viehhändler, Tuchverkäufer durch Hessen und boten ihre Waren noch im letzten Winkel abgelegener Dörfer an.

Das Erinnerungsprojekt *Judenpfad* ist eine gemeinsame Initiative der Gemeinde Feldatal und des *Fördervereins Jüdische Geschichte Vogelsberg*. Die Wanderungen und Spaziergänge auf den Spuren der Wanderhändler über Kuppen, Wiesen und durch Wälder der idyllischen Landschaft erinnern uns an die vielen vertriebenen und ermordeten Menschen jüdischer Religion, denen der Vogelsberg genauso Heimat war wie den christlichen Einwohnern. Während der nationalsozialistischen Diktatur endeten rund 400 Jahre jüdischer Besiedelung im Vogelsberg, wovon nur noch einige umgenutzte Synagogengebäude und alte Friedhöfe zeugen.

✍ Die benachbarte Gemeinde Mücke besteht aus zwölf Dörfern. Der Ursprung dieses eigenartigen Ortsnamens liegt im keltischen »much« oder »muck« und bedeutet »feucht«, »sumpfig«.

ERNST-EIMER-STUBE /// PFARRHAUS /// LOHGASSE 11 ///
35325 MÜCKE-GROSS-EICHEN /// 01 75 / 5 22 41 41 ///
WWW.ERNST-EIMER.DE ///

BILDER EINER VERSCHWUNDENEN WELT

Mücke – Ernst-Eimer-Stube in Groß-Eichen

65

Der Maler, Grafiker, Dichter, Kinderbuchautor und Märchenerzähler Ernst Eimer aus Groß-Eichen (1881–1960) war ein bedeutender hessischer Heimatkünstler. Lebenslang verfolgte er malend, zeichnend und schreibend seine Themen: die bäuerliche Welt des Vogelsbergs, das harte ländliche Arbeitsleben und die kindlich-verträumte Sicht auf den kleinen Kosmos Dorf. Unbeirrt von allen Hürden und kunstfremden Pflichten, die ihm von Eltern und Lehrern auferlegt wurden, verfolgte er bereits in der Kindheit konsequent ein einziges Ziel: »Wenn ich nicht schreibe, male ich, und wenn ich nicht male, schreibe ich.« Nach von Armut geprägten Studienjahren war er sehr erfolgreich mit Ausstellungen bis Berlin, sogar Großherzog Ernst Ludwig von Hessen kaufte ihm einige Bilder ab. Immer wieder kehrte Eimer aus seinen Winterdomizilen in Darmstadt und Frankfurt an die Wurzeln in Groß-Eichen zurück. Dort baute er ein großes Haus mit Atelier. Sein reiches Schaffen umfasst Landschaftsbilder in Tüpfeltechnik, vor allem aber Charakterstudien, Porträts, gepflasterte Gassen, Höfe und Zimmer. Ein Junge führt eine Ziege aufs Feld, Mädchen beim Melken und Apfelpflücken, Frauen bei der Kartoffelernte und in der Spinnstube, ein Dorfschuster, ein Dengler, ein Klarinettenspieler, eine Geigenspielerin, Kinder bei den Schularbeiten. Eimer erlebte und malte eine untergegangene Zeit, in der Dreschflegel, Sichel und Sense, Kuhgespann, Spinnrad und Webstuhl noch den Alltag bestimmten. Die erste Anerkennung in seiner Familie fand er in dem Moment, als er für eine gemalte Kuh mehr Geld bekam als sein Vater für eine lebende.

Im Pfarrhaus von Groß-Eichen richtete der noch junge *Kunst- und Kulturverein der Ernst-Eimer-Freunde*, dem bereits 70 Mitglieder angehören, ein kleines Museum ein, die Ernst-Eimer-Stube.

🖎 Weitere Gemälde von Ernst Eimer hängen im *Hohhaus-Museum* Lauterbach, im *Museum im Vorwerk* Ulrichstein und in der Ausstellung *Gemaltes Hessen* im *Freilichtmuseum Hessenpark*.

KLOSTER ARNSBURG /// 35423 LICH-ARNSBURG ///
0 64 04 / 6 21 98 /// WWW.KLOSTER-ARNSBURG.DE ///

KRIEGSGETÜMMEL IN HEILIGEN HALLEN
Lich – Kloster Arnsburg

66

Zisterzienser lassen sich, den Regeln des Kreuzzugpredigers Bernhard von Clairvaux entsprechend, in einsamen Landstrichen nieder, die sie urbar machen und agrarwirtschaftlich bestellen. Sie essen kein Fleisch, fasten häufig, und jeder Pater liest täglich eine Messe, weshalb eine Klosterkirche mehrere Altäre benötigt. Man sollte nun meinen, dass die Mönche des im 12. Jahrhundert in idyllischer Tallage entstandenen Klosters Arnsburg die nächsten 700 Jahre bis zur Säkularisierung friedlich, ungestört und segensreich ihrem Gebet, ihrer Arbeit und ihren Mildtätigkeiten nachgehen konnten. Weit gefehlt. Die Geschichte des Klosters ist von Kriegsgeschrei, Gewalt und Plünderungen erfüllt. Seit Kuno von Münzenberg 1174 Zisterzienser aus dem Rheingauer Kloster Eberbach im Wettertal angesiedelt hatte, wurde hier eifrig gebaut, willkürlich zerstört, wieder aufgebaut, erneut verwüstet und so fort. Abgesehen von Pestepidemien. Abgesehen von Vertreibungen, etwa als die Schweden im Dreißigjährigen Krieg die Wetterau besetzten. Abgesehen von Besitzstreitigkeiten zwischen den Adelshäusern Solms-Lich, Solms-Hohensolms oder Solms-Laubach. Abgesehen auch von Religionssprüngen zwischen Katholizismus und Protestantismus, je nach Glaubensrichtung der Obrigkeit. Mönche flohen, Mönche hielten die Stellung, Mönche kehrten zurück. Immer fanden sich neue Stifter, damit Kirche und Klostergebäude auferstehen konnten.

Am eindrucksvollsten innerhalb der weitläufigen Klosteranlage Arnsburg, die von Sandsteinbauten aus dem Barock geprägt ist, erscheint das bogenüberspannte südliche Seitenschiff der aus schwarzem Lungstein errichteten mächtigen Basilika. Sie wurde 1812 zum Abbruch freigegeben, nachdem Altäre, Kanzel, Bibliothek, Archiv und Hospitalausstattung verteilt waren.

🍴 Das Restaurant *Alte Klostermühle* in der Klosteranlage betreibt im Sommer einen schattigen Biergarten mit 80 Plätzen (www.alte-klostermuehle-arnsburg.de). Das sehenswerte Fachwerkstädtchen Lich im Kreis Gießen ist nur vier Kilometer entfernt.

KRIEGSOPFERFRIEDHOF IM KLOSTER ARNSBURG ///
35423 LICH-ARNSBURG /// 0 64 04 / 6 21 98 ///
WWW.KLOSTER-ARNSBURG.DE ///

EINE WEISSE FAHNE ZU VIEL

Lich – Kriegsopferfriedhof im Kloster Arnsburg

67

Der Leichnam von Emilie Schmitz aus Luxemburg lag neben 80 weiteren Frauenkörpern und sechs männlichen Überresten in einem Massengrab unter einer Waldwiese unweit des »Arbeitserziehungslagers« der Frankfurter Gestapo in Hirzenhain. Emilie Schmitz konnte identifiziert werden, die meisten anderen nicht. Alle waren am 26. März 1945 vom Exekutionskommando einer SS- und einer Polizeieinheit unter Vortäuschung von Entlassung aus der Haft ermordet worden. Einige waren eigens zu diesem Zweck aus dem Frankfurter Polizeigefängnis nach Hirzenhain verlegt worden. Nur der Befehlshaber wurde zur Rechenschaft gezogen, 1951 zu lebenslanger Haft verurteilt, die anderen Todesschützen kamen ungestraft davon.

Die Gebeine von 450 Menschen ruhen nach mehreren Umbettungen seit 1960 im einstigen Kreuzgang von Kloster Arnsburg. Alle, darunter zahlreiche Zwangsarbeiterinnen und Zwangsarbeiter sowie deutsche Zivilistinnen und Zivilisten aus den Alt-Landkreisen Gießen, Alsfeld und Büdingen, wurden aus rassistischen oder politischen Gründen oder weil sie eine weiße Fahne gehisst hatten, von nationalsozialistischen Fanatikern umgebracht. Kleine Kreuzgruppen aus Basalt verteilen sich in dezenter Anordnung über das große Gelände. Die Fundamente des einstigen Kreuzgangs wurden vor der Anlage der Kriegsopferstätte freigelegt. An den seitlichen Mauern lehnen alte Grabsteine von Adelsfamilien aus der Region, dort sind auch die Wandvorsprünge der verschwundenen Gewölbe noch sichtbar. Der gut erhaltene benachbarte Kapitelsaal diente den Mönchen nicht nur als Versammlungsraum, in ihm wurden auch Äbte bestattet. In der Vertiefung eines Basaltsteins in der Raummitte befindet sich ein Gedenkbuch mit den Namen dieser Personen und der mahnenden Widmung »Mortui viventes obligant« – »Die Toten verpflichten die Lebenden«.

✍ In der Paradieskapelle des Klosters und in der Kirchenruine finden Konzerte, im Dormitorium des Ostbaus Kunstausstellungen statt, im Mönchsaal gibt es eine historische Dauerausstellung.

BURG MÜNZENBERG /// BURGWEG 9 /// 35516 MÜNZENBERG ///
0 60 33 / 9 60 30 (STADT MÜNZENBERG) /// WWW.MUENZENBERG.DE ///

INFORMATIONEN ÜBER SALZWIESEN IN DER WETTERAU FINDEN
SICH UNTER WWW.TOURISMUS-WETTERAU.DE UND
WWW.NATURSCHUTZFONDS-WETTERAU.DE ///

Das »Wetterauer Tintenfass« auf einem Basaltkegel mit zwei runden Bergfrieden ist eine bedeutende romanische Burganlage. Sie wurde um 1160 von Reichsministerialen des Stauferkaisers Friedrich Barbarossa errichtet, später erweitert, aber schon im Dreißigjährigen Krieg zerstört. In der Zeit der Burgenromantik und Ritterpoesie des 19. Jahrhunderts erlebte die verfallende Ruine ein Comeback an Aufmerksamkeit und wird seitdem gepflegt. Zeitgleich mit der Burg entstand zu ihren Füßen eine Burgmannensiedlung, die im Jahr 1245 Stadtrechte bekam. In dem gemütlichen Fachwerkstädtchen Münzenberg – der Name soll von »Minze« abgeleitet sein – sieht man besonders viele reich verzierte und hohe Hoftore. Flanieren Sie unbedingt durch die Eichergasse und den Steinweg, den manche als schönste Straße Oberhessens bewerten. Der älteste Torbau (auf 1768 datiert) steht im Steinweg 38.

Im Tal zwischen Münzenberg und Ober-Hörgern liegt das größte Binnensalzgebiet von Hessen. Salzwiesen in der Wetterau? Buchstäblich: In der Aue der Wetter tritt auf sieben Hektar Wiese salzhaltiges Grundwasser an die Oberfläche. Dadurch siedelten sich Pflanzen an, die man sonst höchstens an der Nordsee findet: Hornklee, Salz-Dreizack, Erdbeer-Klee, Salzastern. Letztere blühen altrosafarben – wie der Halligflieder im Wattenmeer. Damit die Salzwiesen von Münzenberg im gleichnamigen Naturschutzgebiet erhalten bleiben, darf kein Süßwasser in das Feuchtgebiet eindringen, darf es nicht austrocknen und nicht unbedacht genutzt werden. Weidetiere tragen dazu bei, das Wiesengras kurz zu halten. Deshalb grasen robuste Galloway-Rinder und Hochgebirgsschafe der Rasse Scottish Blackface hier ganzjährig. Über Feld- und Waldwege führt eine Zehn-Kilometer-Wanderung um die Salzwiesen herum.

Von April bis Oktober verkehrt an jedem ersten und dritten Sonntag des Monats dreimal täglich ein Museumszug der *Eisenbahnfreunde Wetterau* zwischen Münzenberg und Bad Nauheim (www.ef-wetterau.de).

IM NATURSCHUTZGEBIET VON ROCKENBERG GIBT ES
SELTENE BARYTROSEN.

NATURSCHUTZGEBIET HÖLLE VON ROCKENBERG ///
ZUFAHRT ÜBER HELLENWEG/SANDWEG, DANN ZU FUSS WEITER ///
35519 ROCKENBERG /// WWW.ROCKENBERG.DE/NATUR-UMWELT ///

SANDROSENMUSEUM /// JERUSALEMER TOR/UNTERTOR ///
63656 BÜDINGEN /// 01 60 / 91 35 54 73 ///

ROSENSTEINE ALS ZEUGEN DER ERDGESCHICHTE

Ob diese formschönen Rosensteine (Foto) im Naturschutzgebiet *Hölle von Rockenberg* gefunden wurden – das möchte Lothar Keil, Betreiber des Büdinger *Sandrosenmuseums* im Jerusalemer Tor, nicht verraten. Zu viel Raubbau wurde in der Vergangenheit in Rockenberg betrieben – dem einzigen Fundort von Barytrosen in Europa. Bevor das Areal 1994 zum Naturschutzgebiet erklärt und jegliche Kraxelei an der steilen Sandwand unterbunden wurde, waren die Tertiärquarzite beliebte Sammelstücke, die Vorgärten und Fensterbänke zierten. Heute sind fast alle Rockenberger Fundstellen außerhalb des Naturschutzgebietes abgeräumt, häufig mit Bauschutt verschlossen. Die gelb, rot, schwarz, weiß oder violett schimmernden Kristalle, die bis zu 30 Zentimeter Durchmesser haben können, basieren auf einer chemischen Verbindung von Schwerspat (Bariumsulfat), Sand und einer kleinen Menge von Eisen- und Manganoxid. Aus hochmineralisierten Lösungen kristallisiert Schwerspat und schließt die Quarzkörner des umgebenden Sandes ein – ein Wachstum, das 25 Millionen Jahre dauert. Lothar Keil besitzt Tausende von geologischen Exponaten, darunter Dutzende von Sandrosen. Lebenslang wollte der Mittsiebziger wissen, »was die Welt im Innersten zusammenhält«, mit der Schippe und Schaufel erspürte der Mann die Erdgeschichte nördlich des Mains zwischen Vogelsberg und Taunus.

Der Naturschutz in der 13 Hektar großen Sandabbaufläche Rockenberg soll Tiere und Pflanzen auf Mager- und Heiderasen und im sumpfigen Flachwasser behüten. Nachzüchtungen der hochgradig gefährdeten Sumpfschildkröten aus dem Frankfurter Zoo wurden hier erfolgreich ausgewildert. Deshalb darf man die *Hölle von Rockenberg* nicht betreten, es gibt aber einen Aussichtspunkt.

🐚 Benachbart liegt das Naturschutzgebiet *Klosterwiesen*, als Feuchtgebiet mit 19 Hektar Schilf und Auen größtes Biotop der Wetterau, in dem Graureiher brüten, Blaukehlchen und Teichrohrsänger vorkommen.

BÜRGERPRACHT MIT GOLDGICKEL

Butzbach – Altes Rathaus

70

Was das kleine, lauschige Alsfeld für den Vogelsberg ist, bedeutet das größere, quirlige Butzbach für die Wetterau: eine städtische Perle mit einer überwältigenden Fachwerkarchitektur. Es sind vor allem die bürgerlichen Häuser auf mittelalterlichem Stadtgrundriss, die den besonderen Charme von Butzbach ausmachen. Ihre Baugeschichte reicht teils ins 14. Jahrhundert zurück. Die Altstadt rangiert in der Liste hessischer Kulturdenkmäler als schützenswerte Gesamtanlage mit dem Marktplatz als Mittelpunkt. Das auffälligste Gebäude in der Fachwerkfront am Marktplatz ist das inklusive Glockenturm 23 Meter hohe, technisch aufwendig und teuer restaurierte historische Rathaus von 1559 mit vielfältigen Verzierungen an den Fassadenbalken. Die Rauten und Sechssterne sind Glücksbringer, sie versinnbildlichen gute Wünsche. Sogar eine Sonnenuhr ziert die Front unterhalb der Rathausuhr, über der wiederum Zepter und Sanduhr schweben. Hoch oben, über dem Glockenturm, wacht der »Gickel« über die Stadt, ein Butzbacher Wahrzeichen, das der Restaurator mit 23,5 Karat Brokat vergoldete. Das Rathaus diente auch als Hochzeitshaus und Gericht, dafür hatte man seit dem Jahr 1370 eine Glocke im Dachreiter. Das Glockenspiel mit 15 Glocken verdanken die Bürger den Sammelaktivitäten des Vereins *Altstadtfreunde Butzbach*. Die Inschrift am Gebäude erläutert seine vielfältigen Funktionen für die Gemeinschaft: »Ich steh nicht nur der Stadt zur Zier, der Bürger Wohl ist Höchstes mir.« Die beiden jetzigen Untergeschosse bildeten einst eine offene Halle, die mal für den Markt, dann auch als Gerichtssaal und als Garage für Feuerwehrwagen genutzt wurde. Im Rathaus befand sich im Mittelalter die Stadt- und Brotwaage. Ein »Hexenkämmerchen« diente Verhören und Folter, um Gefangenen Geständnisse abzupressen.

✐ Seit 1848 diente eine Rathausetage als jüdischer Betsaal. Die 1926 bezogene neue Synagoge brannte in der Pogromnacht 1938 nieder, ebenso die Synagogen in Griedel, Nieder-Weisel und Pohl-Göns.

DIESES TRACHTEN-HOCHZEITSPAAR »POSIERT« IN DER
VOLKSKUNDLICHEN ABTEILUNG DES BUTZBACHER MUSEUMS.

MUSEUM DER STADT BUTZBACH /// FÄRBGASSE 16 ///
35510 BUTZBACH /// 0 60 33 / 99 52 50 ///
WWW.STADT-BUTZBACH.DE/KULTUR/MUSEUM ///

EIN SCHWIBBOGENHAUS FÜR SCHMALHANS

Butzbach – Museum der Stadt

71

Ein Stadtmodell im Museum Butzbach zeigt eine Momentaufnahme des Jahres 1832, eine Zeit, in der die alten Befestigungsanlagen weitgehend noch intakt waren. Dort, wo Römer das Kleinkastell Hunnenburg unterhielten, wo Germanen um das Jahr 500 herum einen Weiler »Am Bache des Boto« errichteten, bauten ihre Nachfahren ab 1321 eine Stadtmauer. Die Siedlung Butzbach hatte in jenem Jahr Stadtrechte erlangt, und nun verstärkte man die Befestigung mit Wällen, Gräben und Mauern. An dem Modell erahnt man, dass es langsam eng wurde in der aufstrebenden Bürgerstadt. Not macht erfinderisch, die gewitzten Butzbacher kamen auf eine Idee: Die Stadtmauer war mit etwa 200 sogenannten Schwibbögen versehen worden, die jeweils zwei Mauerteile verbinden, frei stehende bogenförmige Stützen, oben waagerecht vermauert. Vor diese Hohlräume nun setzte man Schuppen, Lager, Ställe und schließlich extrem schmale Wohnhäuser. Im Jahr 1858 gab es 178 sogenannte Schwibbogenhäuser, die teilweise über die Mauer hinausragten. Die meisten dieser Minihäuser sind inzwischen verschwunden, bis auf einige Überbleibsel, die in der Mauerstraße und in der Amtsgasse an der Stadtmauer »kleben«. Manche wurden von begeisterungsfähigen Bauherren saniert und auf weniger als 30 Quadratmetern dreistöckig in Millimeterarbeit wohnlich gemacht. Raum ist in der kleinsten Hütte: Küche im Erdgeschoss, Schlafzimmer und Nasszelle in der ersten, Wohnzimmer in der zweiten Etage, was braucht der Single-Mensch des 21. Jahrhunderts mehr? Einst drängten sich zehnköpfige Familien unter dem Schwibbogen zusammen.

Neben dem Stadtmodell beherbergt das Butzbacher Museum unter anderem eine weltweit einzigartige Sammlung von Schuhminiaturen. Im Museumsshop gibt es einen sehr anschaulich gezeichneten Altstadtplan mit vielen Informationen.

✍ Teile der Stadtmauer blieben erhalten, Mauerstücke findet man hinter dem Kirchplatz, an der Neugasse und an der Mauerstraße. Man erkennt daran noch die ringförmige Struktur des mittelalterlichen Butzbach.

WEIDIGHAUS /// KIRCHPLATZ 11 /// 35510 BUTZBACH ///

Im Weidighaus, der früheren Lateinschule am Kirchplatz von Butzbach neben der gotischen Markuskirche, lebte der Theologe, Päd-
agoge und Freiheitskämpfer Dr. Friedrich Ludwig Weidig einige
Zeit. Er reformierte von 1812 bis 1834 das Butzbacher Schulwesen,
war als Lehrer überaus beliebt und unterrichtete – für die Zeit ungewöhnlich – auch Naturwissenschaften und Politik. Der »hessische
Turnvater« legte auf dem Butzbacher Hausberg Schrenzer den ersten öffentlichen Turnplatz im Großherzogtum Hessen an. Einige
Zeit verbot die Obrigkeit das Turnen, denn Weidigs Sporteifer kurz
nach der Völkerschlacht bei Leipzig hatte durchaus einen politischen
Hintergrund: Es ging um die Utopie eines selbstbewussten, demo-
kratischen und vereinten Deutschlands, dessen Bevölkerung sich
gegen Besatzer wie Napoleon und gegen Willkürherrschaft wehren
kann. Weidig trug maßgeblich zur Verabschiedung einer hessischen
Verfassung bei (1820). Er war Mitorganisator des Hambacher Festes
(1832), einer nationalen Kundgebung der deutschen Demokraten. Er
gab mehrere Ausgaben des illegalen *Leuchter*-Flugblatts heraus und
lektorierte 1834 die Agitationsschrift *Der Hessische Landbote* von
Georg Büchner. Anschließend wurde er als Pfarrer in das Vogelsberger Dorf Ober-Gleen strafversetzt, dann verhaftet, im Darmstädter Arresthaus eingekerkert, wo er von Untersuchungsrichtern gefol-
tert und gedemütigt wurde. Ob sein Tod im Februar 1837 tatsächlich
ein Selbstmord oder eine Folge der Misshandlungen war, wurde nicht
aufgeklärt. Viele Weidig-Schüler blieben bis zur Amnestie für politische Gefangene, 1839, inhaftiert. Den überregional beachteten »Fall
Weidig« nutzte das Frankfurter Paulskirchen-Parlament 1848 als Prä-
zedenzfall, um die im Vormärz praktizierte »geheime Kabinetts-Jus-
tiz« zu beenden.

✍ Als Butzbacher Theologe predigte Weidig in der Markuskirche
und in der Wendelinskapelle in der Wetzlarer Straße, einstige Hospitalkirche. Sie ist die älteste Fachwerkkirche Hessens
(1440) und sehenswert.

ROSENSCHULE RUF /// ZUM SAUERBRUNNEN 35 ///
61231 BAD NAUHEIM-STEINFURTH ///
0 60 32 / 8 18 93 /// WWW.ROSENSCHULE.DE ///

ROSENMUSEUM STEINFURTH /// ALTE SCHULSTRASSE 1 ///
61231 BAD NAUHEIM-STEINFURTH ///
0 60 32 / 8 60 01 /// WWW.ROSENMUSEUM.COM ///

Bad Nauheim-Steinfurth im Herzen der Wetterau war ein armes Tagelöhnerdorf, als Heinrich Schultheis 1868 von Reisen und Lehrzeit in England heimkehrte und die erste deutsche Rosenschule gründete. Die ertragreichen Böden und das milde Klima erschienen dem Bürgermeistersohn dafür ideal. Es wurde eine beispiellose Erfolgsgeschichte und brachte dem Dorf Wohlstand. Um 1900 lebten 72 Steinfurther Familien vom Rosenanbau. 1970 erreichte die wirtschaftliche Blüte des ältesten deutschen Rosendorfes ihren Höhepunkt: 200 Betriebe verkauften 14 Millionen Pflanzen im Jahr in alle Welt. Heute sind es weniger als 20 Betriebe, die bis zu zwei Millionen Pflanzen anbauen. Die vier führenden Rosengärtnereien *RosenPark Dräger*, *Rosen Union*, *Rosenhof Schultheis* und die *Rosenschule Ruf* decken mit mehr als 3.000 Sorten jede Nachfrage ab: Edelrosen, Beetrosen, Zwerg- und Strauchrosen, Bodendecker, Park-, Moos- und Wildrosen, Kletterrosen, Rugosarosen und viele mehr. Allein schon wegen der Schaugärten lohnt sich ein Besuch des Bad Nauheimer Stadtteils. Und bei schlechtem Wetter geht man ins weltweit einzige *Rosenmuseum*.

Einen eigenen Weg schlugen Werner und Sabine Ruf ein, die ihre Rosengärtnerei in dritter Generation führen und diese auf biologischen Anbau umstellten und dem Verband *Bioland* beitraten. Heute wachsen auf dem Sechs-Hektar-Gelände der ersten ökologisch bewirtschafteten Rosenschule Deutschlands 30.000 Biorosen. Die Feldkultur hat sich seit 100 Jahren kaum verändert, harte landwirtschaftliche Arbeit, manchmal mit Pferdekraft, um den Boden zu schonen, aber meist wird doch ein Traktor eingesetzt. Zusätzlich veranstalten die Rosenbauern Ruf Seminare und Hoffeste, kulinarische Events mit Hagebuttenkuchen und anderen Köstlichkeiten.

✍ Neben Hofverkauf und Paketversand gibt es ein *Rosenlädchen*, in dem man allerhand Rosiges aufstöbert: Blütenblätter, Kosmetik, Tee, Gelee, Rankhilfen, Porzellan, Bücher und sogar Klamotten.

Bad Nauheim – Sprudelhof

»Mein Hessenland blühe und in ihm die Kunst!« Großherzog Ernst Ludwig von Hessen und bei Rhein, Enkel der britischen Königin Victoria, war ein kunstsinniger Mann. Er schrieb Theaterstücke, komponierte, gründete die *Darmstädter Künstlerkolonie*. Die Blütezeit des Historismus mit seinem nachahmenden Stilmix war passé. Ernst Ludwig propagierte eine Vermählung von Handwerk und Ästhetik, bei der Baugestaltung ebenso wie beim Design von Alltagsgegenständen. Kurz, er war ein feuriger Verfechter des europäischen Jugendstils, und vor allem war er bereit, dafür viel Geld auszugeben. Dem Mäzen Ernst Ludwig verdankt das einstige Salzsiededorf Nauheim – seit 1835 beliebtes Rheumabad, seit 1854 Stadt, seit 1866 zu Hessen-Darmstadt gehörig und seit 1869 *Bad* Nauheim – das größte geschlossene Jugendstilensemble Europas. Tritt man aus dem Bahnhof mit den unzerstörten Jugendstilfenstern, fällt der Blick in gerader Achse auf die Fontäne des »Großen Sprudels« am Ende der Bahnhofsallee.

Die Zahl der Nutzer einer klassischen Badekur, die im Hotel wohnten und sich eine mehrwöchige Erholungszeit mit medizinischen Anwendungen und gehobenem Entertainment leisteten, war in Bad Nauheim bis 1903 auf 24.000 jährlich angestiegen. In Ernst Ludwigs Auftrag sollte der junge Baumeister Wilhelm Jost deshalb ein zusätzliches Badehaus errichten, um die Warteschlangen zu verkürzen. Das Projekt nahm schließlich viel größere Ausmaße an: Jost entwarf und baute zwischen 1905 und 1911 eine komplett neue Bäderarchitektur, deren Zentrum der von Kolonnaden umrahmte Sprudelhof ist. Dazu gehören sechs Badehäuser mit Schmuckhöfen sowie in teils blumigem, teils geometrischem Dekor detailverliebt gestaltete Wartesäle, 265 Badezellen und zwei Verwaltungsgebäude. Stolz blickt der Bronzelöwe auf das Gesamtkunstwerk.

🖉 Ein Jugendstilrundgang durch das reiche kunsthistorische Erbe Bad Nauheims ist nur eines der zahlreichen Angebote an Gästeführungen der Tourist-Information.

TRINKKURANLAGE /// ERNST-LUDWIG-RING 1 /// 61231 BAD NAUHEIM ///

»Nackiche Ludwig oder mit Schuss?« Resolut blickt mich das dienst-habende »Brunnenmädchen« an, eine weiß beschürzte Dame mitt-leren Alters, welche die Wasserhähne am achteckigen Quellenaus-schank bedient. Der ist von einer goldenen Kuppel überdacht und mit Jugendstilkeramik gefliest. Die sakral anmutende Trinkkuranla-ge in Bad Nauheim erinnert an ein überdimensionales Taufbecken. Also: Möchte ich ein Glas frisches Quellwasser aus dem Ludwigs-brunnen oder lieber aus dem Karlsbrunnen, und zwar mit oder ohne einen Schuss Kurbrunnen? Alle drei Heilwässer sind Natriumchlo-rid-Säuerlinge, die Verdauung und Stoffwechsel anregen. Ungefragt kredenzt die Serviererin Besuchern anfangs einen winzigen Schluck unvermischten Kurbrunnens – bäh, reines Salz, alles klar, das ist der »Schuss«. Das stark eisenhaltige Wasser kosteten schon gekrönte Häupter, so die Kaiserinnen Auguste Viktoria und »Sissi« von Ös-terreich, Zarin Alexandra Fjodorowna (geborene Alix von Hessen-Darmstadt) und der saudi-arabische König Ibn Saud.

Neun Heilquellen sprudeln in Bad Nauheim aus der Erde. Drei dienen als thermale kohlensäurehaltige Solen den klassischen Bade-anwendungen. An fünf von sechs sogenannten Trinkbrunnen wird das Wasser heute noch glasweise ausgegeben. Zwei davon – Löwen-quelle und Sauerbrunnen – befinden sich im Ortsteil Schwalheim, drei in der Trinkkuranlage. Vor 2.400 Jahren schon nutzten Kelten die Nauheimer Solequellen zur Salzgewinnung. Im 18. Jahrhundert machte Jacob Sigismund Waitz von Eschen die Region mit techni-schen Neuerungen zu einer der erfolgreichsten deutschen Sudsalinen mit 23 Gradierwerken, von denen fünf noch existieren. Dort sickert an einer hohen Holzwand Sole durch Flechtwerk aus Reisig, das Wasser verdunstet, zurück bleibt kostbares weißes Gold – Salz.

✍ Ein Sole-Wannenbad im Badehaus 3 des Sprudelhofs (www.ba-dehaus3-sprudelhof.de) stärkt das Immunsystem. Ein Spazier-gang entlang eines Gradierwerks, wo die aerosolhaltige Luft die Atemwege befeuchtet, ersetzt den Nordseeurlaub.

STARTPUNKT DER SEEN-RADTOUR DURCH DIE WETTERAUER
SEENPLATTE IST DIE EVANGELISCHE LAURENTIUSKIRCHE
REICHELSHEIM /// FLORSTÄDTER STRASSE 2–4 ///
61203 REICHELSHEIM /// WWW.WETTERAUER-SEENPLATTE.DE ///

Der Wölfersheimer See ist mit etwa 40 Hektar der größte See der Wetterauer Seenplatte, einer Gruppe von 14 Seen in der Horloffsenke. Dazu gehören auch der Pfaffensee und der Teufelsee westlich des Bingenheimer Rieds. Der Begriff »Seenplatte« weckt Assoziationen, man denkt an Mecklenburg, Schleswig-Holstein oder die Masuren. Im Gegensatz zu den dortigen Naturseen entstanden die Wetterauer Gewässer infolge von Braunkohleabbau zwischen 1804 und 1991, eine Energiegewinnung, die die mittelhessischen Gebiete mit Elektrizität versorgte. Die entstandenen Löcher füllten sich nach und nach mit Grundwasser, so entwickelte sich das beliebte Naherholungsgebiet. Im geografischen Dreieck zwischen Wölfersheim, Reichelsheim-Weckesheim und Hungen-Inheiden (Landkreis Gießen) wurden im Verlauf der Wetterauer Bergbaugeschichte 70 Millionen Tonnen Braunkohle gefördert. Die schwarze Erde, die man hochholte, wurde zunächst mit Wasser vermischt und zu einem Kohlebrei angerührt, der trocknen musste. Aus der Festmasse dann stach man Briketts ab, die sich verheizen ließen. Weitere Bergwerke entstanden bei Friedberg-Ossenheim und in der südlichen Wetterau, diese Regionen wurden auf andere Art als mit Seen rekultiviert, nachdem die Kohlevorräte erschöpft waren.

Mehrere Wetterauer Seen sind beliebte Angelreviere. Um den Wölfersheimer See führen idyllische Spazierwege, es gibt einen Hochseilgarten und ein Fußballgolf-Resort. Paradiesische Bade- und Wassersportmöglichkeiten wiederum hat man am Trais-Horloffer See, neun Kilometer nördlich von Echzell (bei Hungen). Eine abwechslungsreiche, 26 Kilometer lange, leichte Radtour führt von See zu See. Sie startet an der Evangelischen Kirche Reichelsheim (www.tourismus-wetterau.de).

✍ Die Geschichte des Bergbaus in der Wetterau lässt sich im *Energiemuseum* von Wölfersheim nachvollziehen (www.woelfersheim.de).

DAS BINGENHEIMER RIED ÜBERBLICKT MAN AM BESTEN VON EINEM
ÜBERDACHTEN AUSSICHTSTURM. DEN ERREICHT MAN ZU FUSS ODER
MIT DEM RAD AUF EINEM WIRTSCHAFTSWEG VON
61209 ECHZELL-GETTENAU (PARKPLATZ WIESENGASSE).

WEITERE INFORMATIONEN VERMITTELT DIE NABU-GRUPPE BINGENHEIM
UNTER WWW.NABU-BINGENHEIM.DE/BINGENHEIMER-RIED ///

WO AUEROCHSEN FÜR KRÖTEN WEIDEN

Echzell – Bingenheimer Ried

Die Natur sich selbst überlassen. Talauen nicht bebauen, nicht trockenlegen. Teiche nicht zuschütten. Wasserläufe nicht begradigen. Hochwasser zulassen. Betonflächen aufbrechen. All diese und weitere Ziele von Natur-, Vogel- und Umweltschützern, nicht zuletzt vom Frankfurter Forschungsinstitut *Senckenberg*, bildeten die Basis für die Gründung des *Auenverbunds Wetterau*. 1989 wies die hessische Landesregierung das von Feuchtgebieten geprägte 7.400 Hektar große Auenareal der Flüsse Horloff, Nidda, Nidder, Wetter und Seemenbach als Landschaftsschutzgebiet aus. So manches Fließgewässer wurde seitdem renaturiert, Feuchtgebiete neu angelegt, Äcker in Grünland umgewandelt; und das *EU-Vogelschutzgebiet Wetterau* wurde ausgewiesen. Die wundervolle Auenlandschaft zwischen Gießen und Frankfurt ist das bedeutendste hessische Brutgebiet für Wasser-, Wat- und Wiesenvögel. Rotes Höhenrind und rückgezüchtete Auerochsen – die Rasse war schon um 1620 ausgestorben – wurden angesiedelt, um auf den Flächen zu weiden. Auch ausländische Rinderrassen und Kleinpferde, zum Beispiel Exmoor-Ponys, tummeln sich in den Feuchtwiesen. Sie erhalten dadurch den Lebensraum für Uferschnepfen, Wechselkröten und Knoblauchkröten.

Das 85 Hektar große Naturschutzgebiet *Bingenheimer Ried* bildet das Zentrum des *Auenverbunds*. Im Frühling und Herbst, wenn die Wiesen und die Schilfgebiete überschwemmt sind, sind die besten Zeiten zur Vogelbeobachtung. Am leichtesten erkennt der Laie die verschiedenen Entenarten – Spießente, Löffelente, Pfeifente, Krickente. Man sieht auch Kiebitze, Bekassine, Blaukehlchen und natürlich Weißstörche. In Echzell und anderen Orten der Umgebung baut der durch Volksfabeln beliebte, nisttreue und saisonmonogame Meister Adebar auf Türmen und Schornsteinen sein Nest.

✍ Das *Museum Echzell* zeigt Bodenfunde der Vor- und Frühgeschichte und widmet sich der Frage: Wie lebten römische Soldaten in einem Kastell der oberen germanischen Limeslinie (www.hgv-echzell.de)?

Mitten in der flachen, fruchtbaren Wetteraulandschaft, in einem Aussiedlerhof bei Beienheim, sitzt Keramikmeisterin Claudia Nitsch an der Töpferscheibe. Sie bereitet ihr Sortiment für den nächsten Kunsthandwerkermarkt vor. In den zwei Arbeitsräumen ihrer Werkstatt wird fleißig gedreht, abgedreht, gehenkelt, gemalt, glasiert und gebrannt, damit sich Regale und Transportkisten im Ausstellungsraum füllen. Claudia Nitsch fand als junge Frau im Töpferhandwerk ihre berufliche Erfüllung. 1993 eröffnete sie auf dem *Bioland-Pappelhof* ihren eigenen Laden, erst kürzlich verließ der letzte Azubi mit Abschlusszeugnis ihre Werkstatt. In Hessen wird kein Töpfer mehr ausgebildet, die Innung löste sich auf, ein Verein vertritt nun diesen Berufsstand. Töpferware ist zum Luxusgut geworden, etwas Hübsches, das man nicht dringend braucht, an dem sich aber das Auge erfreut. Etwas, das man verschenkt. Claudia Nitsch jedenfalls kann sich nicht beklagen: Ihr blaues und buntes Geschirr mit Bechern, Tassen, Tellern, Kannen, Obstsieben und ihre dekorativen Vasen, Türgriffe, Tiegel, Schalen, Kerzenhalter finden breites Interesse bei der Laufkundschaft auf Märkten und bei treuen Stammkunden.

Unter dem Label *Querbeet* gehört der *Pappelhof* zu den Pionieren von Lieferservice und Online-Shop für Lebensmittel aus ökologischem Anbau. Auf 40 Hektar Land erzeugt der Hof nach den strengen *Bioland*-Richtlinien Getreide, Kartoffeln und andere Feldfrüchte, Gemüse sowie Obst. Die individuell gepackten Biokisten gehen an Haushalte in Frankfurt, der Wetterau und im restlichen Rhein-Main-Gebiet. Die Erzeugergemeinschaft beschäftigt 70 Menschen und ist damit der größte Arbeitgeber der Gemeinde Reichelsheim. Vier Familien leben ganz auf dem Aussiedlerhof – die von Keramikerin Claudia Nitsch gehört dazu.

✍ Biolebensmittel für Frankfurt: Donnerstags hat *Querbeet* einen Marktstand an der Bockenheimer Warte, samstags an der Konstablerwache. Der Hofladen wurde geschlossen, der Lieferdienst ausgeweitet.

DIE NIDDAROUTE FÜHRT VON DER NIDDAQUELLE AM HOHERODSKOPF ZUR
MÜNDUNG IN FRANKFURT-HEDDERNHEIM (WWW.NIDDAROUTE.DE).

MEHR ÜBER DAS KLEINSTE STAATSBAD HESSENS, BAD SALZHAUSEN,
FINDET MAN UNTER WWW.BAD-SALZHAUSEN.DE.

Von der Niddaquelle in der Nähe des Hochmoors Breungeshainer Heide und der Ringstraße Hoher Vogelsberg führt die ungefähr 94 Kilometer lange Radtrasse *Niddaroute* am Fluss entlang zur Mündung in den Main bei Frankfurt-Höchst. Es ist die ideale Strecke für radelnde Flaneure, die nicht unbedingt Hochleistungen erzielen, sondern vor allem die Landschaft genießen wollen – denn es geht meistens sanft bergab, von 721 auf 88 Höhenmeter. Man startet im Oberwald, flankiert von grünen Wiesen, gluckernden Bächen, Rinder- und Schafweiden im Unteren Vogelsberg, und gelangt schließlich in das flache Ackerland der Wetterau mit Streuobstwiesen und Kornfeldern. So ist es im Sommer. Jede Jahreszeit zeigt ein anderes Gesicht, im Mai überzieht der Raps die Landschaft mit einem gelben Teppich, im Oktober leuchten die Laubwälder bunt. Sind Sie im Herbst schon mal an einem vermeintlichen Rapsfeld vorbeigekommen und waren darüber verwundert? Tatsächlich wollen manche Bauern ihre Felder biologisch aktiv halten und begrünen abgeerntete Getreideflächen, das schützt den Boden bis zur nächsten Frühjahrsaussaat. Da wachsen dann Lupinen, Kleegras, Büschelblumen, Ölrettich oder eben Weißer Senf – und der blüht mitten im Goldenen Oktober gelb.

Wer die *Niddaroute* in gemütlichen Etappen zurücklegen möchte, hat die Wahl zwischen interessanten Rastplätzen. Der Gesundheit könnte ein Kurzaufenthalt im Niddaer Stadtteil Bad Salzhausen dienen. In dem Kurdörfchen gewann man zwar über Jahrhunderte Salz, aber die Heilkraft der Solequellen entdeckte erst der berühmte Gießener Chemiker Justus Liebig. Ihm verdankt Bad Salzhausen Saline, Gradierwerk, Therme. Der riesige, in die ursprüngliche Landschaft eingebettete Kurpark unterscheidet sich angenehm von den gepflegten, oft aber langweiligen Parks anderer Kurorte.

✎ Ein Kinderhotel betreiben Landwirt Wolfgang Koch und sein Team auf dem *Demeter*-Biobauernhof *Im Alten Hof* in Nidda-Wallernhausen. Es gibt auch einen Hofladen (www.kinderhotel-im-alten-hof.de).

EVANGELISCHE KIRCHE OBER-MOCKSTADT /// SCHULSTRASSE 32 ///
63691 RANSTADT-OBER-MOCKSTADT /// WWW.RANSTADT.DE ///

HAUBE AUF HAUBE GEN HIMMEL GERECKT

Ranstadt – Evangelische Kirche in Ober-Mockstadt

Fährt man von Ranstadt auf der von fruchtbaren Feldern und Wiesen flankierten Bundesstraße 275 Richtung Friedberg, schiebt sich linker Hand ein erstaunlicher Kirchturm ins Blickfeld, der das dazugehörige Hangdorf Ober-Mockstadt deutlich überragt. Der dunkle Hauben-helm mit doppelter Zwiebelhaube gilt als elegantester Kirchturm der Wetterau im vermutlich ältesten Dorf des Landkreises. Die auf den Grundmauern eines mittelalterlichen Gotteshauses errichtete heuti-ge Evangelische Kirche diente seit 1710 mit einer dicken Trennmauer zwischen den Chorräumen als Simultankirche für evangelische und katholische Gläubige. Allerdings stürzte der evangelische Teil schon ein paar Jahre später ein, in den 1720er-Jahren wurde das Kirchen-schiff neu gebaut.

Der Turm mit der mehrfach geschweiften Bedachung ist ein architektonisches Kunstwerk des Barock, eine 1756 im wahrsten Sin-ne des Wortes aufgetürmte Haubenkonstruktion, wie man sie in vie-len Dörfern der Wetterau findet, allerdings selten so stilvoll schlank. Den gewaltigsten, man könnte auch sagen protzigsten, Kirchturm, der zu dem dreistufigen Helm noch vier Ecktürme hat, besitzt die Berstadter Kirche. Die meisten Kirchtürme der vermögenden Wet-terau entstanden im 18. Jahrhundert, und zwar versuchte man, zwei unterschiedliche architektonische Anliegen zu verbinden: Der »Fin-ger Gottes« sollte den gotischen, spitz zulaufenden Kirchtürmen der Nachbarorte, zum Beispiel denen in Dauernheim, Echzell und Mün-zenberg, an Höhe nicht nachstehen. Trotzdem sollte ein neuer Turm der aktuellen Mode folgen und die rundlichen, verschwenderischen Formen des Barock aufweisen. Auf diese Weise schichteten die Bau-meister Haube auf Haube und streckten das Ganze mit einer mög-lichst langen Wetterhahnspitze oder einem Kreuz noch weiter gen Himmel.

✐ Im idyllisch gelegenen Nachbardorf Ranstadt-Dauernheim prä-sentiert der Kulturverein in einem Fachwerkgebäude eine Müh-lenmodellausstellung (www.kvdauernheim.de).

»Alle Wege führen nach Staden.« So werben die Hoteliers des Renaissanceschlosses Ysenburg, um Ausflügler auf das Radkreuz Staden und die Möglichkeit einer Rast aufmerksam zu machen. Tatsächlich liegt der 800-Seelen-Ort nicht nur an der *Niddaroute*, die von der Niddaquelle am Hoherodskopf bis nach Frankfurt führt, sondern auch am *Limes-Radweg*, an der R4-Fernstrecke und am *Vulkanradweg*. Staden, das 1971 bereits seit 667 Jahren Stadtrechte besaß, wurde zu diesem Zeitpunkt als Ortsteil in die neue Großgemeinde Florstadt eingemeindet – und war plötzlich wieder Dorf. 2007 aber erlangte der Ort als drittkleinster Teil des mittlerweile verstädterten Florstadts seinen alten Status zurück.

An »Klein-Venedig«, wie Staden wegen seiner vielen Brücken gern tituliert wird, führt wirklich kein Weg vorbei. Von der erstmals 1156 dokumentierten alten Wasserburg des Adligen Wortwin auf einer von Nidda und Mühlbach umspülten Insel existieren noch allerhand Mauerreste sowie der massige Torturm neben Schloss Ysenburg.

Der Ort verfügt zudem über ein weiteres großes Herrenhaus, das Schloss der Freiherren von Löw zu Steinfurth (1746), heute Bürgerhaus. Der dazugehörige weitläufige Herrengarten gibt Staden den eigentlichen Charme. Das Fünf-Hektar-Gelände wurde 1884 im Auftrag des Freiherrn vom Stein zu Staden nach einem Plan von Eduard Petzold im Sinne eines englischen Landschaftsparks gestaltet. Petzold war Garteninspektor des Muskauer Parks in der Lausitz, heute UNESCO-Welterbe. Die Stadener Anlage mit mächtiger Sumpfzypresse, Eichen, Mammutbäumen, Gingkos, Elsbeeren, Linden- und Birkenallee wurde bereits 1903 zum national geschützten Naturdenkmal erklärt. Angrenzend sprudelt aus einem hölzernen Pavillon der salz- und mineralhaltige Sauerborn, den vielleicht schon die Römer schlürften.

Beliebtes Fotomotiv ist die in Fachwerk überbaute Stadener Seufzerbrücke. Und in der Ortsmitte neben einer Brunnenpumpe steht ein stählernes Mahnmal für die verfolgten und ermordeten Juden aus Staden.

BURGKIRCHE UND ADOLFSTURM /// IN DER BURG ///
61169 FRIEDBERG /// 0 60 31 / 8 82 61 (FÜHRUNGEN) ///
WWW.FRIEDBERG-HESSEN.DE ///

VOM RÖMERKASTELL ZUR BARBAROSSABURG
Friedberg – Burgkirche und Adolfsturm

82

Die hellgraue Fassade mit der goldumrandeten Turmuhr der Evangelischen Burgkirche erscheint inmitten von wuchtigen Gebäuden aus verschiedenen Epochen in der riesigen Friedberger Burganlage als Lichtblick. Ihr frühklassizistischer Querbau umschließt einen typisch protestantischen Predigt-Raum mit langen Bänken. Blickt man vom St.-Georgs-Brunnen auf der Südseite aus auf das liebliche Gotteshaus (1783–1808), schiebt sich direkt daneben die Spitze des Adolfsturms ins Blickfeld. Mit mehr als 54 Metern Höhe und 12,3 Metern Durchmesser ist er einer der größten Bergfriede Deutschlands und als ältestes Gemäuer der Stadt das Wahrzeichen Friedbergs. Die um 1180 unter Friedrich I. Barbarossa gegründete, zwischendurch von unzufriedenen Bürgern niedergebrannte Burganlage zählt mit 3,5 Hektar zu den größten Europas.

Zu diesen Superlativen gesellt sich vor dem südlichen Burgtor und der Steinbrücke über dem Burggraben die fast 700 Meter lange Kaiserstraße mit rund 100 Läden als Highlight der Hauptstadt des Wetteraukreises. Die Burg verlängert kaum erhöht die Altstadt, und das soll schon zur Zeit der Römer bis zum Limes-Zusammenbruch um 260 n. Chr. so gewesen sein. Auch damals erstreckte sich vor einem 500-Mann-Kastell eine Siedlung.

Der Kaiserstraße ist, trotz der herrschaftlichen Bürgerhäuser, deren historische Fassaden unter Ensembleschutz stehen, anzumerken, dass sie bessere Zeiten gesehen hat. Zu häufig haben sich Geschäftsleute und Hausbesitzer mit profanen, stillosen Umbauten verewigt. Schlendert man durch die Seitenstraßen in Richtung der hochgotischen Hallenkirche Unserer Lieben Frau (Bauzeit 1260–1420), verfestigt sich der Eindruck von Verwahrlosung und Sanierungsengpässen der einst reichen »königlichen« Handels- und Messestadt.

✐ Von zwei Plattformen aus bietet der Adolfsturm bei klarem Wetter beste Aussicht auf die Wetterau, den Vogelsberg, den Taunus und bis zur Frankfurter Skyline.

JUDENBAD MIKWE /// JUDENGASSE 20 /// 61169 FRIEDBERG ///
0 60 31 / 8 82 15 /// WWW.WETTERAU-MUSEUM.DE ///

VOR DER HOCHZEIT EIN RITUELLES TAUCHBAD
Friedberg – Judenbad Mikwe

83

Wer das historische Friedberger Judenbad besichtigt, erlebt eine Überraschung: Die 1260 gebaute Mikwe betritt man vom Innenhof eines unscheinbaren Hauses aus, sogleich umfängt uns Kühle und Dämmerlicht. Wir befinden uns unterhalb eines Tonnengewölbes, im Inneren eines gemauerten Schachtes, dessen Tiefe von 25 Metern durch den schmalen Grundriss von nur 30 Quadratmetern betont wird. Tageslicht fällt ausschließlich durch eine achteckige Öffnung in der Gewölbedecke. Es spiegelt sich weit unten an der Schachtsohle in einer schwarzgrün schimmernden Grundwasserfläche. 72 ungewohnt hohe Stufen führen über sieben Treppenabsätze zum eigentlichen Bad, wobei die beiden unteren im Wasser liegen.

Das hebräische Wort »Mikwah« bezeichnet ein rituelles Tauchbad, das man in fließendem, »lebendigem«, Wasser nimmt – Quelle, Bach, Fluss oder mindestens 500 Liter aufgefangenes Grund- oder Regenwasser. Ein solch kaltes Bad dient der religiösen Reinigung, keinesfalls der Hygiene oder Gesundheit wie etwa das römische Bad, dessen Heizungsreste unter dem Friedberger Burggymnasium ruhen. Das jüdische Religionsgesetz empfiehlt das Bad Männern vor dem Sabbat. Vor allem aber verpflichtet es Frauen, vor der Hochzeit, nach einer Geburt und sieben Tage nach Ende jeder Menstruation, die Mikwe aufzusuchen – zuvor ist sexuelle Aktivität nicht erlaubt. Auch neue Küchengeräte und Geschirr dürfen erst nach einer Reinigung in der Mikwe benutzt werden, um kultisch rein zu sein.

In Deutschland sind derzeit etwa 30 moderne Mikwen in oder nahe von Synagogen in Betrieb; historische Judenbäder befinden sich in Speyer, Worms, Andernach, Köln und Offenburg, wobei das Friedberger Bad die größte mittelalterliche Monumentalmikwe in Europa ist.

Die 800 Jahre alte jüdische Gemeinde Friedbergs ist erloschen. Die Mikwe blieb seit 1939 unbenutzt. Nationalsozialisten zerstörten Synagoge und Friedhof, ermordeten mindestens 78 jüdische Bürger.

DIE DRILLMASCHINE (EINE REIHENSÄMASCHINE) DER BUTZBACHER
FIRMA TRÖSTER KAM IN DEN 1920ER-JAHREN ZUM EINSATZ.

WETTERAU-MUSEUM /// HAAGSTRASSE 16 /// 61169 FRIEDBERG ///
0 60 31 / 8 82 15 /// WWW.WETTERAU-MUSEUM.DE ///

FANFIEBER UM ELVIS PRESLEY

Friedberg – Wetterau-Museum

84

Es gibt wohl in der internationalen Militärgeschichte kaum einen einfachen Soldaten, der häufiger fotografiert wurde als der »King of Rock 'n' Roll« Elvis Presley während seiner Dienstzeit in den Friedberger Ray Barracks. Vom 1. Oktober 1958 bis zum 2. März 1960 war der Star in der Wetterau stationiert, wohnte nicht in der Kaserne, sondern mit Gefolge privat in Bad Nauheim. Er zeigte sich zur Freude seiner hessischen Fans als jovialer, netter junger Mann, der keinen Autogrammwunsch ausschlug. Friedberg setzte dem ersten internationalen Rockstar der Musikgeschichte ein besonderes Denkmal: Der Elvis-Presley-Platz, auf dem der Wochenmarkt und der Weihnachtsmarkt stattfinden, bildet das Herzstück der Friedberger Einkaufsmeile Kaiserstraße. In Bad Nauheim verliebte sich Elvis in seine spätere Ehefrau, die damals 14-jährige Offizierstochter Priscilla Beaulieu. Die gemeinsame Tochter heiratete später Michael Jackson.

Das *Wetterau-Museum* in der Haagstraße würdigt den berühmten Gast in einigen Vitrinen. Besonderes Augenmerk lenkt das Museum jedoch auf die Geschichte der Landwirtschaft in der Region. Die Dauerausstellung über das ländliche Arbeitsleben zwischen 1800 und 1950 zeigt, mit welchen Geräten die Wetterauer Bauern ihre fetten Böden bewirtschafteten. Jahrhundertelang galt das Motto: »Der Weizen ist das Gold der Wetterau.« Bereits die Römer hatten die fruchtbaren Felder zu schätzen gewusst. Das milde Klima begünstigte auch den Anbau von Zuckerrüben ab den 1870er-Jahren. Viel Aufmerksamkeit widmet das *Wetterau-Museum* den Kummeten – Arbeitsgeschirr von Pferden und »Schaffkühen« – und dem »Maschinenfieber«: Ab 1863 eroberte die Dampfdreschmaschine die Wetterauer Gutshöfe und Bauerndörfer; Sichel, Dreschflegel und Wurfschaufel hatten ausgedient.

Die hessische TV-Legende Babba Hesselbach (1913–1977) alias Wolf Schmidt stammte aus Friedberg. Im Geburtshaus Am Tauben Rain 6 wurde teilweise für die kultige Sendung gedreht (www.babbahesselbach.info).

GUTER STARTPUNKT FÜR RADTOUREN DURCH DIE LANDSCHAFT
DER WETTERAUER STREUOBSTWIESEN IST DIE S-BAHN-STATION
BRUCHENBRÜCKEN /// WINGERTSTRASSE 35 ///
61169 FRIEDBERG-BRUCHENBRÜCKEN ///
WWW.APFELWEINROUTE-WETTERAU.DE ///

Bruchenbrücken ist der einzige Friedberger Stadtteil außerhalb der Kreisstadt selbst, der einen S-Bahn-Anschluss hat. In einer halben Stunde ist man mit der S 6 von Frankfurt aus da. Bruchbrücken liegt günstig an der Rundroute 7 der Regionalschleife Wetterau der *Hessischen Apfelwein- und Obstwiesen-Route*. Entweder man begibt sich auf diese Rundtour 34 Kilometer über Assenheim, Ilbenstadt, Nieder- und Ober-Wöllstadt, Nieder- und Ober-Rosbach, Ockstadt bis Friedberg City, wahlweise wieder nach Bruchenbrücken, oder man sucht Anschluss nach Osten an andere Radwege. Durch Bruchenbrücken führt auch der *Wetter-Radweg*; und durch das drei Kilometer entfernte Ossenheim die *Rhein-Main-Vergnügen-Route 2* des Rhein-Main-Verkehrsverbundes. Einige der neun *Hessischen Fernradwege* kreuzen Wetterauer Ortschaften, und der *BahnRadweg Hessen* Richtung Schlitz und Bad Hersfeld entlang stillgelegter Bahntrassen ist vor allem für Radfahrer, die aus der Hanauer und Gelnhausener Gegend kommen, interessant.

Obstwiesen sind die artenreichsten Lebensräume in der mitteleuropäischen Kulturlandschaft, es ist die Rede von 2.000 Tierarten, die in einer durchschnittlichen Obstwiese zu Hause sein sollen. Kaum zu glauben, dass ein paar Apfel-, Kirsch-, Pflaumen- oder Birnbäume eine solch hohe Bedeutung für die Vielfalt der Vegetation haben. Dazu zählen auch alte Bäume, in deren Höhlen sich Fledermäuse oder Steinkauze niederlassen. In der streuobstreichen Wetterau stehen etwa 230.000 hochstämmige Obstbäume. Mehr als 100 Keltereien, Direktvermarkter, Straußwirtschaften, Museen, Naturschutz-, Obst- und Gartenbauvereine haben sich zusammengeschlossen, um gemeinsam den Schutz der Wetterauer Obstwiesen zu vertreten und die Verbraucher über Märkte, Kelter-Events und saisonale Feste zu informieren.

✍ Auf einer Obstwiese am Rande von Assenheim befindet sich das Lehr-Biotop der *NABU Umweltwerkstatt Wetterau* mit 25 beschilderten Baumarten, Nistkästen, Bienenstation und vielen Farbtafeln (www.wetterau-nabu.de).

EHEMALIGE SYNAGOGE /// BRUNNENGASSE 4 ///
61194 NIDDATAL-ASSENHEIM /// WWW.KUK-ASSENHEIM.DE ///

MEHR ÜBER NIDDATAL ERFAHREN KANN MAN DIREKT BEI DER STADT ///
HAUPTSTRASSE 2 /// 61194 NIDDATAL-ASSENHEIM ///
0 60 34 / 9 12 40 /// WWW.NIDDATAL.DE ///

In Assenheim steht ein liebliches altes Rathaus mit rotem Fachwerk und einem spitzen Dachreiter, 1610 errichtet, heute prächtig »aufgehübscht«. Durch die großen Tore fuhren früher die Spritzenwagen der Feuerwehr, die im Erdgeschoss untergebracht waren. Das Gebäude gehört zu den Kulturdenkmälern des größten Stadtteils von Niddatal. Wenige Schritte entfernt, zwischen Rathaus und Kirche, steht ein zweites Kulturdenkmal. Es ist ein massig und unproportional wirkendes, seltsam verbaut anmutendes Gebäude mit einer wenig präsentablen, graubeigefarbenen Fassade, schmal aufstrebenden Mauerblenden, drei Rundbogenfenstern an der Längsseite und zwei bullaugenhaften Öffnungen in ungewöhnlicher Höhe auf der Querseite. Die Alte Synagoge von Assenheim wurde nach dem Krieg zum Feuerwehrhaus umgebaut. Heute ist sie innen so weit hergerichtet, dass sie dem Verein *Kulturelles und Kommunales Assenheim* als Veranstaltungsort dienen kann. Es ist keine Gedenkstätte.

Jüdische Einwohner von Assenheim sind bereits für 1277 nachgewiesen. An der Stelle der 1862 eingeweihten Synagoge befand sich zuvor wohl ein Vorgängerbau, Zentrum des jüdischen Wohnviertels. Um 1670 lebten 20 jüdische Familien in Assenheim, 1936 zwölf, 1942 niemand. Die Pogromnacht im November 1938 soll in Assenheim besonders grausam verlaufen sein.

Im Vogelsberg und in der Wetterau stehen nicht mehr viele ehemalige Synagogen, das Fragen nach diesen Gebäuden ist, wie der Journalist Jan Grossarth in der *Frankfurter Allgemeinen Zeitung* schrieb, »eine Suche nach dem Wert der Traurigkeit«. Er bezog sich dabei auf die große, den Ortskern dominierende ehemalige Synagoge im Gederner Stadtteil Ober-Seemen, ein seit Jahren unverkäufliches Gebäude aus Basaltbruchsteinen, vor dem so mancher Bürger Unbehagen und Scheu empfindet.

✿ Der Sozialarbeiter Uwe Langohr und die Projektgruppe *Jüdisches Nieder-Ohmen* publizierten eine Karte der Einzelschicksale aller jüdischen Bürger von 1932 (www.gemeinde-muecke.de).

KATHOLISCHE PFARRKIRCHE /// KIRCHGASSE 16 (HAUPTEINGANG
OBERHALB DER STRASSE IM KLOSTER) ///
61194 NIDDATAL-ILBENSTADT /// WWW.BISTUMMAINZ.DE ///

GOTTFRIED UND DER DOM DER WETTERAU
Niddatal – Katholische Pfarrkirche in Ilbenstadt

87

Ohrenbetäubendes Geläut – die teils noch mittelalterlichen, bis zu 800 Jahre alten Glocken der romanischen Basilika in Ilbenstadt rufen die Gläubigen zum Gottesdienst. Man versteht sein eigenes Wort nicht, dabei läuten von den sieben Glocken »nur« die vier im Nordturm. Ilbenstadt mit rund 2.800 Einwohnern ist ein Stadtteil von Niddatal, zur Bauzeit der Kirche mag es ein kleines Dorf gewesen sein. Wie kommt also der mächtige dreischiffige Dom, den 1929 Papst Pius XI. mit dem Ehrentitel *Basilica minor* (kleine Basilika) auszeichnete, hierher?

Die beiden quadratischen Türme der ehemaligen Klosterkirche St. Maria, St. Petrus und St. Paulus dominieren die Ortschaft und sind von Weitem als Wahrzeichen der südlichen Wetterau zu sehen. Ihre Stifter, die westfälischen Brüder Gottfried und Otto von Cappenberg, hatten 1122 die ältesten drei Prämonstratenser-Klöster in Deutschland gegründet, darunter das in Ilbenstadt. Sie traten dem Orden mit ihrer Schwester Beatrix und ganzer Familie bei, offenbar um einer Enteignung aus dem Weg zu gehen. Stattdessen steckten sie ihr weltliches Vermögen in die Klöster.

Die Bauarbeiten am »Dom der Wetterau« begannen ein Jahr später, und der bald darauf verstorbene Gottfried wurde nach Fertigstellung der Kirche dorthin umgebettet. 500 Jahre später zogen die Gebeine abermals innerhalb der Basilika um. Im Jahr 1806 allerdings mussten die Mönche infolge der Säkularisierung ihr Kloster verlassen. Als letzte Tat, bevor er auch fortging, schickte der Abt Gottfrieds Schädelreliquie nach Prag, wo sie mehr als ein Jahrhundert aufbewahrt wurde, bevor sie ein beherzter Pfarrer aus Ilbenstadt 1911 zurückholte. Gottfried wird als Heiliger verehrt, obwohl er offiziell nie heiliggesprochen wurde.

ᴥ   Bei Ilbenstadt ließ die Bundesregierung 1965 einen unterirdischen Bunker bauen, in dem 92 Personen einen Monat hätten überleben können. Der Katastrophenfall trat nie ein (www.bunker-ilbenstadt.de).

DOTTENFELDERHOF /// 61118 BAD VILBEL (ZUFAHRT VON
BÜDINGER STRASSE AUS NACH DEM ORTSSCHILD LINKS) ///
0 61 01 / 5 29 60 /// WWW.DOTTENFELDERHOF.DE ///

LANDWIRTSCHAFTS- UND HEIMATMUSEUM KARBEN ///
WESTLICHE RINGSTRASSE 2 /// 61184 KARBEN-GROSS-KARBEN ///
0 60 39 / 48 11 51 ///

GLÜCKLICHE SCHWEINE, FREUNDLICHE KÜHE
Bad Vilbel – Dottenfelderhof

88

Diese rot-braunen Sauen der alten Rasse Duroc (Foto) haben Schwein gehabt. Satt und zufrieden kuscheln sie sich in ihrem Offenstall aneinander, genießen ihr frühes Mittagsschläfchen. Die Kühe, die so blumige Namen wie Dolce Vita, Signorina, Dornröschen, Habraxas oder Simsala tragen, vertilgen im Stall eine Mahlzeit aus gehäckseltem Mais, Getreideschrot, Apfeltrester und frischem Klee. Die Hühner stolzieren durch ihr großzügig eingezäuntes Freilandgehege. Es ist Samstag. Über den Weg von der Büdinger Straße wälzt sich langsam eine Blechschlange in die Hofanlage, hauptsächlich Familienkutschen aus Frankfurt, Hanau, dem Main-Kinzig-Kreis, Bad Homburg und natürlich aus Bad Vilbel. Auf dem *Dottenfelderhof* herrscht Hochbetrieb: im Hofladen, einem Supermarkt mit Biovollsortiment; im Brot- und Käseladen; im Hofcafé; und auf dem Blumenfeld. Viele der etwa 150 Mitarbeiterinnen und Mitarbeiter sind an diesem Tag auf Regionalmärkten im Einsatz, denn die Vermarktung sichert die Existenz der Betriebsgemeinschaft, die seit 1968 biologisch-dynamische Landwirtschaft betreibt. Etwa 100 Menschen wohnen auch auf dem großen Gelände. Sie kümmern sich um den Getreideanbau nach dem Prinzip einer zwölfteiligen Fruchtfolge. Sie backen zwei bis dreieinhalb Tonnen Holzofenbrot in der Woche. In der Landbauschule bilden sie Fachkräfte aus. Im Schulbauernhof ist fast täglich eine Klasse zu Gast. Die Züchtungsabteilung erforscht verbesserte Getreidesorten für den Biolandbau.

Das robuste schwarzbunte Vieh alter Zuchtrichtung bleibt ganzjährig draußen (außer zum Melken und Füttern). Die 20 bis 30 Kälber werden von den Mutterkühen im »Kindergarten« gesäugt. Mit 400.000 Litern Milchproduktion muss sich der Jahresertrag des *Dottenfelderhofes* nicht verstecken. Der viel beschäftigte Bulle heißt übrigens Don Carlos.

🖉   Das *Landwirtschafts- und Heimatmuseum Karben* zeigt nicht nur Agrargeräte, sondern beleuchtet auch die traditionelle Arbeit der Landfrauen: Milchwirtschaft, Waschen, Bügeln.

LIEBLINGSPLÄTZE
AUF EINEN BLICK

ALLE LIEBLINGSPLÄTZE FINDEN SIE
UNTER WWW.GMEINER-VERLAG.DE

QUELLEN VON ZITATEN

Beitrag 4: Elisabeth Johann: Ehe die Spuren vergehen. Die Töpferei in der Mark Altenstadt. Schriften der Altenstädter Gesellschaft für Geschichte und Kultur e. V. Nr. 9. Altenstadt 2015. S. 5, 7, 12 f., 17.

Beitrag 14: Sean-Paul Perez: Showdown am Vulkan. Zeitschrift *Blinker*. Hamburg 10/2011, S. 24–29. S. 26, 29.

Beitrag 30: Rainer Schmid: Fachwerkkirchen im Vogelsberg. Ein Reisehandbuch. Mülheim a. M. (Eigenverlag) 2015 (2. Auflage). S. 6, 19, 76–78.

Beitrag 34: Hessische Schulstatistik, zitiert nach Diana Rieger: Das »poetische Tagebuch« des Volksschullehrers Johannes Greb – Der Spiegel eines Vogelsberger Lebens. Lauterbacher Sammlungen, Nr. 94. Lauterbach (Hohhausmuseum und Hohhausbibliothek) 2016. S. 21 f., 25 f.

Beitrag 41: Karl Wienold, zitiert nach Ruth Neeb: Ernst Eimer. Oberhessischer Maler und Dichter (1881–1960). Lauterbach (Hohhausmuseum/Euler Verlag) 2001. S. 49.

Beitrag 47: www.unesco.de/kultur/immaterielles-kulturerbe/bundesweites-verzeichnis/eintrag/deutsche-brotkultur.html

Beitrag 56: Prof. Dr. August Roeschen: Durch Vogelsberg, Wetterau und Rhön. Marburg (Elwert) 1910. S. 185.

Beitrag 58: Die Antrifttalsperre. Exkursionsbericht Kurs Wasserbau II unter Leitung von Prof. Dr. Ing.-habil. Boris Lehmann. Institut für Wasserbau und Wasserwirtschaft, Fachgebiet Wasserbau und Hydraulik. Technische Universität Darmstadt. Wintersemester 2015/16. S. 16.

Beitrag 65: Ernst Eimer, zitiert nach Ruth Neeb: Ernst Eimer. Oberhessischer Maler und Dichter (1881–1960). Lauterbach (Hohhausmuseum Lauterbach/Euler Verlag) 2001. S. 5.

Beitrag 86: Jan Grossarth: Steinherz. Die Synagoge schmückt das Dorf, aber bleibt den Leuten fremd. Das Schönste, was der Häusermarkt hergibt, will hier niemand kaufen. Eine Suche nach dem Wert der Traurigkeit. In: *Frankfurter Allgemeine Zeitung*. Menschen und Wirtschaft. 24. November 2017. S. 18.

Birkenmeier,
Luthers Land
978-3-8392-1871-6

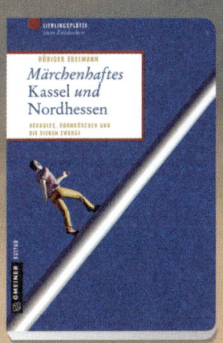

Edelmann,
**Märchenhaftes
Kassel und
Nordhessen**
978-3-8392-1982-9

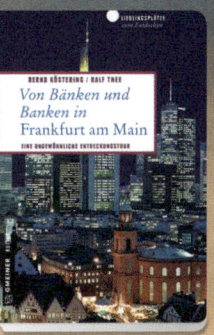

Köstering / Thee,
**Von Bänken und
Banken in Frank-
furt am Main**
978-3-8392-1362-9

Schwanfelder,
**Mainfranken
entdecken**
978-3-8392-1556-2

Steiger / Steiger,
**Von der Berg-
straße über den
Odenwald zum
Spessart**
978-3-8392-2006-1

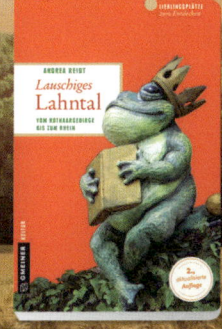

Reidt,
**Lauschiges
Lahntal**
978-3-8392-1875-4

GMEINER KULTUR

ALLGEMEIN GENUTZTE LITERATUR

Landesamt für Denkmalpflege Hessen: Denkmaltopographie Bundesrepublik Deutschland. Siegfried RCT Enders/Christoph Mohr: Baudenkmale in Hessen. Wetteraukreis I. Braunschweig/Wiesbaden (Friedr. Vieweg & Sohn) 1982.

Landesamt für Denkmalpflege Hessen: Denkmaltopographie Bundesrepublik Deutschland. Kulturdenkmäler in Hessen. Bände Vogelsbergkreis II.1 und II.2 (Walter Krug 2016), Stadt Lauterbach/Hessen (Walter Krug 2007), Stadt Alsfeld (Peer Zietz 2002). Darmstadt (Theiss).

Ludwig Bickell/B. Hanftmann: Hessische Holzbauten. Marburg (Elwert) 1906.

Fritz Georg: Oberhessisches Dorfleben im Spiegel der Geschichte. Lauterbacher Sammlungen Nr. 83. Lauterbach (Hohhausmuseum und Hohhausbibliothek) 2000.

Fritz Georg: Geschichtliche Ereignisse als Elemente politischen Umbruchs 1754–1848. Lauterbacher Sammlungen Nr. 91. Lauterbach (Hohhausmuseum und Hohhausbibliothek) 2008.

Heidrun und Friedrich Jantzen: Naturdenkmale Hessens. Hannover (Landbuch) 1985.

Elfriede Maresch/Traudi Schlitt/Frank Uwe Pfuhl: Vogelsberg. Friedberg (OVAG) 2015.

Hans Wolf/Dieter Quandt: Die Wetterau. Geschichte, Gemeinden und Landschaften des Wetteraukreises. Bad Nauheim (Heinrich Petermann/Günter Hofmann) 2002.

Gerald Link (Hrsg.): Butzbach. Eine Stadt und ihre Geschichte von gestern bis heute. Butzbach (queros) 2006.

Hans Friebertshäuser: Landleben und dörfliche Arbeitswelt in Hessen. Husum (Husum) 2004.

Thea Altaras: Synagogen und jüdische Rituelle Tauchbäder in Hessen – Was geschah seit 1945? Reihe »Die Blauen Bücher«. Königstein (Karl Robert Langewiesche, Nachfolger Hans Köster) 2007 (2. Auflage).

Georg Dehio: Handbuch der deutschen Kunstdenkmäler. Hessen I/Regierungsbezirke Gießen und Kassel. Hessen 2/Regierungsbezirk Darmstadt. München/Berlin (Deutscher Kunstverlag) 2008.